峰级分析与定式交易

（第二版）

余东全

吴佳栋

谢 平 著

厦门大学出版社
XIAMEN UNIVERSITY PRESS

国家一级出版社
全国百佳图书出版单位

图书在版编目（CIP）数据

峰级分析与定式交易 / 余东全，吴佳栋，谢平著
. -- 2 版. -- 厦门：厦门大学出版社，2024.1（2025.5 重印）
ISBN 978-7-5615-9225-0

Ⅰ. ①峰… Ⅱ. ①余… ②吴… ③谢… Ⅲ. ①股票交
易-基本知识 Ⅳ. ①F830.91

中国国家版本馆CIP数据核字(2023)第228274号

责任编辑	施建岚
美术编辑	李嘉彬
技术编辑	许克华

出版发行　厦门大学出版社

社　　址	厦门市软件园二期望海路 39 号
邮政编码	361008
总　　机	0592-2181111　0592-2181406(传真)
营销中心	0592-2184458　0592-2181365
网　　址	http://www.xmupress.com
邮　　箱	xmup@xmupress.com
印　　刷	厦门市竞成印刷有限公司

开本	720 mm×1 020 mm　1/16
印张	12.5
插页	1
字数	225 千字
版次	2022 年 9 月第 1 版　2024 年 1 月第 2 版
印次	2025 年 5 月第 5 次印刷
定价	81.00 元

本书如有印装质量问题请直接寄承印厂调换

厦门大学出版社
微信二维码

厦门大学出版社
微博二维码

序 言

做投资教育培训的这些年来,我们培训过十多万名形形色色的交易者,见证过太多的故事。在交易的过程中,每一次行走,每一次风雨,每一次雷电,每一条蜿蜒崎岖的道路,都是在为以后可以涅槃的金融之旅铺路。

多少交易者从无到有,我们会发现历史总是不断地重演。而如何在金融市场中积累财富,这是每位交易者都关心的,也是本书要回答的核心问题。成功的交易者都有一个共同的特质,就是他们特别善于聆听市场的声音。

也正是在这十几年由外到内、由表及里、由浅至深的交易生涯里,我真切地体会到了交易的魅力。现在我想把这些技术倾囊相授,和读者一起分析交易的逻辑,研究交易的轨迹,探讨交易的智慧,最终帮助大家打开一个看待交易的新视角,重新思考自己的交易生涯,找到自己的财富指南。

在今天,很少有人能完全置身金融市场之外,投资已经成为个人财富增长的重要手段。然而,即使在这个大时代里,金融仍是"少数精英的游戏",亮眼的学历背景、复杂的数学模型、晦涩的专业词汇等,都在无形中竖起一道屏障,将普通人拒之门外;市场的杠杆效应,又让越来越多的财富集中在越来越少的人手里。

投资市场总是让人感觉变幻莫测。牛市中你赚不到钱,熊市中却又一亏到底;天天查看涨跌,但买来卖去也没赚到什么钱;你信心满满冲进熊市中抄底,但发现没有最低,只有更低。

为什么会这样呢?这是许多投资者心里的疑问。交易不是非常简单吗?无非就两个方向,不是买涨就是卖跌,哪怕掷个硬币都有 50% 的胜率存在!可是现实给了我们当头一棒。相信很多人都听过"二八法则",但是"二八法则"真的是"二八"吗?

真相往往是十不存一。而在这一瞬间,我脑海里产生了一个想法,我要回馈这些支持我的人。经过长时间的反复酝酿及逻辑梳理,《峰级分析与定式交易》诞生了。

《峰级分析与定式交易》主要对五大交易系统做详细的阐述,对广大交易者交易过程中所遇到的疑难杂症进行一个系统性的总结。交易者可通过交易的五大要素——资金、心态、仓位、赛道、技术,学会操盘的场景,正确地认识自己的账户,明确为谁交易、为何交易、如何交易,保护本金的安全,制定收益的目标。看清交易的本质为贪婪、恐惧、欲望,辩证看待对错,控制心态,善用仓位的轻重,分配得当,输赢有理,从而看懂环境,环境决定交易的品种,只有紧盯赛道、抓紧热点,才能有效地使用交易技术,最终通过交易技术的秘籍,融合资金、心态、赛道,形成交易的闭环。

而我将在书中阐述如何在充满陷阱的投资市场上盈利、正确的做法是什么,也会阐述怎么预测金融市场、如何选择正确的交易时机、如何科学合理地保障自己本金的安全,提升自我认知,做出正确的交易决策,抵御熊市的侵蚀,在牛市中驰骋沙场。

希望广大交易者能通过本书,掌握全新的交易思维,少走弯路,取得更大的成功!

目　录

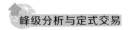

第二篇　交易技术

第三篇　交易相关

第一篇　技术分析

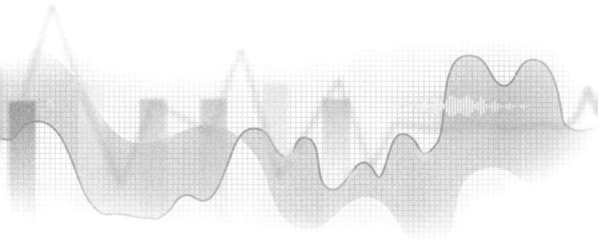

第一章　市场理念与分析理念

一、市场理念

　　任何一个进入金融市场的投资者,都应该对这个市场有足够的理解,都要有一个成熟健康的市场观,这绝非无足轻重或可有可无,尤其是对一个理性投资者来说,这是一个基本要求。须知一个人对市场的看法和态度,难免会在不经意间影响他的交易操作,换言之,市场观就是一个间接影响交易成绩的潜在因素。

　　首先要明确,市场是什么? 从狭义的角度来看,市场是指在固定的时间段和地点让买卖双方进行交易的一个场所。从广义的角度来看,市场除了指交易场所之外,还囊括了所有的交易行为。市场系统有传统市场和金融市场之分,至于本书所说的市场,不包括传统市场而专指金融市场。金融市场是现行的所有金融产品与金融衍生产品投资市场的统称,包含了股票、债券、外汇、黄金、股指期货和商品期货、期权等细分市场。金融市场是实体经济发展到一定阶段的产物,作为虚拟经济产生的基础和依托,它早已成为现代经济社会不可或缺的组成部分。

　　要说这金融市场本身,并不会直接创造任何物质产品,那为何会有那么多人和资金趋之若鹜,积极参与呢? 解释其原因,有一个通俗的说法,那就是金融市场并非普通商品供应地,而是可以钱生钱的地方。

　　对于如何看待市场,不同的人自然有不同的角度、不同的看法。有些人认为,金融投资有赌的成分。客观而言,这个观点不能说没有道理,只是失之偏颇。要知道,赌博在理论上,除非出千使诈,否则其总体胜率不会超过百分之五十。由于赌博的技术含量占比太低,想要获利基本上靠运气。而金融交易不同,它可以通过技术分析和制定交易策略来减轻对运气的过分依赖,这是金融交易和赌博最大的区别。一般情况下,只要交易者分析正确,操作得当,完全有机会令胜率大于百分之五十;交易者越聪明和理智,越有经验和技术,胜率就越高。还有很重要的一点是,交易获利模式还可以反复运作,谓之"复制成功",这是赌博做不到的。所以,金融投资虽然无法排除运气因素也不免带有些许赌的意味,但不能把它视同赌博。

有些人认为,金融市场是聪明人聚集的地方,是高智商人员的竞技场所,不是一般人待的地方。这个观点有没有道理呢?应该说有一定的道理。的确,从事金融交易的门槛比许多行业要高,最起码对智商是有要求的,性格容易冲动以及缺乏自信兼有恐输症的人,都是不宜参与进来的。但要说智商普通的人也不宜参与,这就有点绝对化了,须知金融交易绝不是光凭聪明就可以获得成功的。常言道"臭棋亦有神仙着",君不见,在金融市场上,不时会出现"笨人"赢钱"天才"输钱的事。奇怪吗?其实一点也不奇怪,因为交易成绩好坏除了智商之外,和投资者本人的心态、性格、知识面及学习钻研能力皆有很大关系,何况还有运气这个"大杀器"呢。当然,综合素质高的人,成功机会比别人大一些也是不容置疑的。

另外有不少人认为,金融市场虽然充满机会但也充满陷阱,好比冒险家乐园,看上去机会多,来钱快,可是一个不小心,口袋里的钱就会不翼而飞。没办法,金融市场有时候的确很残酷血腥,比如石油期货居然可以一夜之间跌到负值,那可是地球上迄今最重要的工业血液,全世界所有国家都离不开的不可再生资源啊!然而市场有时偏偏就玩了这么一把,要命的是事前还没有任何征兆,突然就发生了,让人猝不及防。所以说"交易有风险,投资须谨慎"绝不是一句空话,而是一句金玉良言。不过,我们承认风险的同时,也不必将金融市场视作避之则吉的洪水猛兽。很多人可能不明白,风险本身其实未必可怕,真正可怕的是不重视风险和不懂得控制风险。金融交易的成败得失是很平常的事,如果在经济上不能承受亏损,精神上不能面对失利,倒不如一开始就不要去碰它。凡是只想获利而又不愿承受风险,以及由于各种原因没有能力承受风险的人,都应该远离这个市场。

从某种角度来看,可以把金融市场视为没有硝烟的战场,在价格起起落落之间,无不充斥着激烈的多空搏杀,这种搏杀没有正义与非正义之分,有的只是胜利者和失败者。有人开玩笑说:"金融市场是最大的减肥场所,人在里面待不了多久,就会胖子变瘦子,瘦子变干尸。"的确,每年在金融市场亏钱的人数不胜数，其中的辛酸和痛苦不足为外人道。金融交易看上去是一个"零和游戏"，一个有钱人之间的财产再分配游戏，这游戏本身从头到尾都不会创造物质财富，总体上是盈者所盈乃亏者所亏；简单来看，不过是金钱从某甲转到某乙手上而已。但严格来说，这其实并不算是真正意义上的"零和游戏"，因为市场要维持其生存发展，故而交易者无论输赢，都是要支付手续费的。

尽管金融市场风险高，听上去挺吓人的，但不可否认的是，金融市场也有非常吸引人的地方。如果它吸引力不大，还会有那么多人炒股票、炒期货吗？

说到底，无非是它为人们提供了一个有机会快速挣钱而又合规合法的场所。在这个场所中，追求利润主要是拼头脑、拼本事而无须出大力、流大汗，也不必像赌博那样过分依赖运气。

纵然，每年从金融市场上赢取金钱的人不少，但市场上永远都是输家比赢家多得多，这是不争的事实，也可以说是常识。所以，对于大多数人来说，金融市场活脱脱像是一个谋财夺利的"超级吞金兽"，而对于某些人来说，金融市场却是一座可以挖掘的金矿。这些人不会很多，我们姑且把他们称为"真正的赢家"。

二、谁是市场真赢家

金融交易市场有两种人，一种是赢家，一种是输家。有人统计过，在从事股票、期货和外汇交易的人中，有80％的人是输钱的，这意味着能够实现投资愿望的赢家只有20％左右，这实在是一个令人沮丧的数据。对于每个人来说，既然进入市场，总希望自己能成为一个愉快地收获投资收益的赢家。这很自然，正常的人谁愿意做输家呢？问题是希望做赢家和能不能做赢家是两回事。不管怎么说，游戏规则摆在那里，任何人只要有本事都可以成为赢家。从这点上看，市场还是公平的。没有人注定要做输家，亦没有人天生就是赢家；能不能把自己做市场赢家的愿望转变成现实，关键还是你自己。

市场上有两种类型的赢家，一种类型是运气赢家。运气这东西谁也否定不了，正所谓运气来时挡都挡不住，有时简直是要风得风要雨得雨，心想事成。可惜一个人的好运气是不可能持久的，今天好运，明天就不一定了。运气赢家充其量只能算是暂时的赢家，除非在赢钱之后能果断收手，否则，只要继续留在市场中，说不定什么时候运气不好，就沦落为输家了。另一种类型是实力赢家。实力赢家与运气赢家不同，他是靠实力、靠本事成为赢家的。他虽然也同样期待好运气,但绝对不会依赖运气,运气带来的成功是不可复制的,属于一时之得;而凭本事、凭技术创造出来的成功却可以复制。鉴定一个人是不是实力赢家就看他是否具备在市场中持续获利的能力。一言概之,有本事在市场操作中持续获利的人才是真正的赢家。

金融投资市场中,最大的赢家往往是那些投资银行、投资基金等机构大户,因为它们有资金和资讯方面的巨大优势,本身就具有影响价格走势的能力。但市场是大众的市场,大户们亦不可能做到一手遮天,在公平的游戏规则下,普通投资者同样也是有机会的。

在市场上不依赖运气而取得交易好成绩的赢家之中,有些是专业化的交易团队,有些是单兵作战的个人操盘高手。说到高手,人们首先想到的是那些以"股神"、"市场杀手"或"投资大师"面目出现的人,这些人常给人一种境界高深的感觉。其实,撇开金融天才的光环,他们也和我们一样,只是凡人而已,不必对之迷信;须知成功并不是他们的专利,任何一个具有正常头脑的人,通过学习和实践磨炼,都有机会成为一个实力赢家。虽然这相当不容易,却并非做不到,正所谓"天下无难事,只怕有心人",成功青睐有心人。要让自己也成为赢家,一个最直接的方法就是搞清楚别人到底凭什么本事成为赢家的。

若对实力赢家的本事做个简单归纳,主要有四点:第一,市场理念好;第二,分析能力强;第三,操作手法佳;第四,心理素质高。关于这四点,后面的章节皆有论述,为免重复,此处不赘述。

三、价格升跌说因由

金融市场给人最直接的感觉就是价格时升时跌,时快时慢,变幻莫测。那么价格变动的原因是什么呢?是源于供求关系吗?如果是实体市场,供求关系可以说就是价格变动的主要原因,而金融市场则不然,只能说有很大关系而已。事实上,除了供求关系以外,能够影响价格的因素非常多,比如各种经济和政治方面的基本因素,政府或媒体的某些言论,市场流传的各种消息和传言,还有市场信心和大众心理,甚至突然发生的天灾人祸等,这些都会直接或间接影响商品的价格变动,尤其是短期价格的变动。不过,如果站在交易者的角度上看,资金才是决定价格的最直接因素。处于市场博弈中的绝大多数投资者,之所以特别关注资金的动向和喜欢去猜测资金主力的意愿,无非是知道价格的走向最终取决于买卖双方资金实力的比拼结果。

虚拟经济中的供求关系比实体经济中的供求关系复杂得多,各种能影响价格的因素致使价格波动变得复杂微妙。有不少市场中人对消息非常感兴趣,喜欢收集各种所谓的内幕消息,并且经常以之为依据进行出入市操作。这不是一种好的交易习惯,因为市场上许多消息往往是鱼龙混杂、真假难分的。必须明白,很多时候,消息只是一种被利用的工具,它甚至可以人为捏造、无中生有。某些别有用心的人利用散布消息的手段引诱对手上钩的事屡见不鲜。所以,若遇到有机构大肆宣扬和吹捧某种商品具有什么投资价值或有什么套期保值功能时,切不可轻信它,否则你就有可能吃大亏。在股票市场,专家们常说"利空出尽就是利好",听上去有道理,实际上并不可靠,关键一点是,利空真的已经出尽了吗? 怎样才算出尽? 很多所谓的利空本来就是人为制造的,就算真的已经出尽,若主力资金有心继续打压,又或者市场普遍缺乏信心,价格还是照样压在低位甚至再创新低。所以,不管消息是利空还是利多,都应谨慎对待,不可冲动。密切留意市场反应才是对待消息的正确态度。

谈论价格变动原因,不可不提到人为操控的现象,因为市场会有一些掌握大资金的所谓"超级主力",即人们常说的"金融大鳄"。他们经常利用资金优势在市场上翻云覆雨、兴风作浪,操控价格,只要逮着机会,他们就会露出獠牙,痛下杀手,把那些盲目跟风的投资者当作肥美的猎物一并捕杀。这绝不是危言耸听,他们有本事把每桶石油价格拉高到147美元,也有本事把它打压到一文不值甚至更惨的负油价。这种类似的经典案例在市场上并不少见。所以,不要低估他们的能量;对这些金融大鳄,投资者务必时时保持足够的警惕,不可大意。

四、两种不同的分析

要想在金融市场上成为一个靠实力而不是靠运气取胜的赢家,务必做到善于分析,凡是不经认真分析而做出的投资都属于对自己的钱不负责任的盲目投资。

分析有好坏之分,分析者有水平高低之分,要分析得好,就要讲究分析的方法。所幸之前有无数的先行者不断探索和总结,为我们带来了许多现行的分析方法。它们从大的方面划分,可归结为两大类:

（1）基本因素分析法，简称基本分析。

（2）图表技术分析法，简称技术分析。

基本分析和技术分析是两种分析角度和分析手段都大不相同的分析方法，对于它们之间究竟孰优孰劣的问题，市场和理论界一直有争执，始终没有定论，久而久之形成两个流派，分别称为基本因素分析派和图表技术分析派。平心而论，这两种方法各有千秋，互有优劣，难分伯仲。好比冷兵器时期的刀和剑，如果一个用刀高手击败一个持剑者，或者用剑高手击败一个用刀人，就能认定刀比剑或剑比刀好用吗？其实是善用者胜而已。刀也罢，剑也罢，关键得看使用者熟练与否。所以，作为个人投资者，其实认同和选择哪一种方法都无所谓，努力把自己修炼成个中高手才是正道。

基本分析比较注重具体商品对象的实质价值及其供求关系，例如，某种商品的产量大幅减少了，那么它的价格就会上涨；又或者新技术令某种材料的市场需求大幅增加或减少，那么它的价格也会上涨或下跌。由于基本分析派认为价格波动最基本的原因是商品内在价值变动和供求关系的变化，所以他们非常关心各种经济数据，关心各种上市企业信息和政府的相关政策举措。不可否认，各种与基本面有关的消息的确经常影响价格的走势，故基本分析派投资交易时以基本因素分析为主、其他分析为辅的做法自有其道理，这种分析方法普遍受中长线投资者的欢迎。

基本分析派较为典型的代表人物是金融大鳄索罗斯和股神巴菲特。索罗斯在 1992 年的时候，就是通过一系列的基本因素分析之后，联合其他几个大基金阻击英镑，把英国人打得满地找牙；后来又如法炮制，狙击泰铢，把泰国人搞得灰头土脸，损失惨重。那么股王呢？据说巴菲特选股时，首先看该股票的实际价值，若价值被低估的就买，若被高估的就卖；其次看股票的成长性，因为成长性是一种无形的、潜在的价值。他还认为，短期的价格波动无关紧要，股票内在价值的发展即长期趋势才是最重要的。无论是分析股票是否低估还是分析成长性，都需要有深厚的基本因素分析功底，而他确实做得很好。这两个人的成功极大地支持了基本分析法。不过，亦正是因为巴菲特等人成功的光环，掩盖了基本分析的短处和不足。

事实上，基本分析方法好是好，但要想分析得准确却很难，涉及的东西太多，要花的时间和精力太多不说，经常是功夫下了不少，到头来依然有雾里看花之感，令人无法做出清晰的判断。对于短线操作，更是无能为力，等分析过来，黄花菜都凉了。在股票市场，运用基本分析常常会遭到沉重打击，尤其在不成熟的新兴市场，往往信息披露缺乏透明度和真实性，假业绩、假报表司空见惯,各种违规和黑箱作业屡禁不止,而有关部门的市场监管力度又有限,实在令人徒叹奈何。试问,当反映基本面信息的真实性和可靠性都打上问号时,基本分析好做吗?还可靠吗?难怪早期有不少学习模仿巴菲特的股民都吃了大亏,最后大叹一句:"巴菲特要是到中国股市来也赚不了钱!"没办法,若是车牌上涂了泥,谁能看清?

除了信息的真实性难以确定之外,还有许多明里暗里的东西会影响基本分析的效果,所以,要成为一个基本分析高手确实不容易,并非只具有丰富的经济方面知识就可以做到。而绝大部分的个人投资者只是普通人,经济方面的知识有限,且信息渠道不多,资金量也相对较小,运用基本分析时难免显得先天不足,感到难以施展作为。

相比之下,技术分析的门槛就低得多,投资者即使没有充分的金融和经济方面的知识也无妨,因为技术分析对具体商品对象的实质价值及其供求关系本来就不看重,它所关心的只是商品的市场表现。投资者面对感兴趣的交易品种,只需要有商品的价格图表,就可以直接对它进行技术分析,不需要对商品的各种基本因素和相关数据有太多了解。和基本分析比起来,这点明显是具有优势的。

由于能把各种看不见的因素转化为看得见的图表因素,技术分析运用起来非常方便和快捷,而且它大大拓展了投资者选择投资对象时的自由度,无论是股票、期货、外汇、黄金,投资者都可以随时随地同时对多个商品进行技术分析。这个分析甚至可以细化到不同的时间段,可谓到处都有用武之地。

技术分析尤其适用于中短线操作,在这方面,基本分析自叹不如。有些市场中人对技术分析派只盯住价格图表的做法不以为然、嗤之以鼻,但技术分析派人士却悠然自得、乐此不疲。他们认为,虽然基本因素分析有助于交易者判断价格变化的大方向和长期趋势,但除非你立心玩长线,或者知道某些能够影响价格的重要事情一定会发生,否则在实际交易中不会有什么太大帮助。技术分析派一直坚信这样一个逻辑:所有看得见和看不见的因素,只要足以影响行情,最终都会反映到价格上,而价格的任何变化亦会即时反映到价格图表上;只要能正确解读价格图表,就等于消化了全部相关信息。

有时候,技术分析派也会对推崇基本分析的人嗤之以鼻,比如,当某个经济数据公布,消息出来时,往往一部分人认为"利好",另一部分人则认为"利空",那到底是利好还是利空呢?即使真的是利好,如果市场不接受,大资金依然要打压它,那么价格还不得往下走?同样的消息或数据,利好还是利空还真不好说,市场反应也是此一时彼一时。按常理,货币加息是利好,1992 年金融风暴时,英国政府一日之内加了两次息,结果市场反而认为是英镑出了大问题而纷纷抛售。在量子基金和老虎基金等金融大鳄的刻意推动下,英镑几日之内币值跌了百分之二十。当年深发展和万科算是基本面很好的绩优大牛股,在熊市中一样跌得面目全非;而在牛市中不少基本面很差的垃圾股价格涨得比绩优股还快,涨停板一个接一个,甚至涨到令人瞠目结舌的地步。还有,如果你迷信基本面,你会相信当初国际金价居然可以跌到开采成本价以下的280美元/盎司吗?所以,价格的升跌未必就一定会时时跟着基本面走,反而很大程度上取决于市场资金和市场信心。总之,在技术派的眼中,基本因素分析不但复杂,而且还未必可靠,还是对着"有形可观、有位可视"的价格图表进行技术分析让人觉得踏实可靠一些。

概括来说,基本分析留意价格变动的理由,技术分析留意价格变动的信号。基本分析可以解决买什么和卖什么的问题(如选股),技术分析则解决什么时候买什么时候卖的问题(如选时);基本分析对中长线操作有优势,技术分析则更适合中短线交易。两类分析是各有所长、各有千秋。所以,最好是擅长基本分析的人适当关注一下价格图表,而擅长技术分析的人也适当留意那些能够影响价格长期趋势的重大信息,以收取长补短之效。

五、图表分析有依据

金融市场所说的技术分析,实际上就是特指图表分析,是对着图表来说事的。那么,图表分析真的可靠吗?有些人提出,所有图表反映的是价格过去的市场表现,用作分析时就已经是过时的东西,它们与随之而来的价格变化有实质的联系吗?图表分析所得结论会不会只是一些缺乏实际依据的主观猜想?这种质疑看似合理,其实可能只是一个伪命题,要知道,这世界上本来就有许多事情是可以看前知后的。市场有大量的事实可以证明,价格的过去与现在、现在与未来的的确确有很多关联,否认或无视这种关联是不客观的。那么,图表分析作为一种实用技术有足够的依据吗?有的,其中主要依据有以下四个。

(一)价格状况反映全息

"世间万事皆有因",这是一个古老的哲学观点。市场价格的变化也是如此，它不会无缘无故升，也不会无缘无故跌。任何一个商品从进入市场开始，其价格就自始至终受到各种因素的影响和制约，而且随着时间的推移，还会不断有新的因素掺和进来。这些因素有内因亦有外因，有短期因素也有长期因素，有特殊因素也有普通因素，有客观因素也有人为因素，这些因素本身还有大小明暗之分，总之就是又多又复杂。除此之外，令事情更复杂的是，影响价格的因素大部分都是不确切和不稳定的因素。任何人都很难弄清楚所有这些复杂而随时变化的因素是如何影响价格的。既然价格变化原因难以看清，那干脆不去管它，直接看价格表现好了。好比病人找医生治病，医生能不能把病理病因清楚告诉病人并不是最重要的，只要他对症下药，把病治好就够了。总之，按照技术分析的观点，价格升或跌是各种因素共同影响的结果，是市场反应的表现方式；不论原因是什么，市场的价格状况实际上已经反映了与之相关的所有信息。站在交易的角度，无论发生了什么，市场反应和价格表现才是最重要、最值得关注的，因此，盯着价格图表就够了。

"价格现状和变化已经基本上反映了全部信息"的观点很重要，它是图表分析有实际依据的最大理由。

(二)价格存在心理关口位

价格在波动和发展的过程中，上落进退之间必然在图表上产生许多转折点，其中大部分属于没有分析意义、无足轻重的转折点，小部分孤独而带有折返终结意味的转折点我们称之为价格拐点。如果对这些拐点做连线，就能看到价格变化的痕迹，这些变化痕迹能让人了解价格的过去和现在，本身就有一定的分析意义。最重要的是，有个别的价格拐点能对市场人士的心理产生重大影响，这种具有市场影响力的价格拐点被称为市场的"心理关口位"。

心理关口位好比碉堡和据点，进攻者想攻破它，防守者想守住它。若它被突破，防守者和进攻者的心理都会受到影响，其中一个是负面影响，一个是正面影响。在有沽空机制并可以双向交易操作的市场上，心理关口突破之后，防守方往往不但投降止损，部分还会加入对方行列，变成进攻方，即所谓的"空翻多"或"多翻空"。这种"止损兼反手"的做法无可指责，毕竟趋利避害是人的天性，而造成的后果自然是火上浇油，由此引致行情加速或急剧反转。很简单的逻辑，既然心理关口位对买卖双方影响攸关，那么它当然就具有图表分析的价值。

对心理关口位的界定及相关研究，其他的分析方法是做不到的。只有图表分析才能对此得心应手。有经验的操盘手常说"看位做事"或"依位定策"，所指的"位"就是心理关口位。对"位"的分析越到位，对实战的帮助就越大。所以，价格发展过程中存在心理关口位这个事实，相当程度上支持了图表分析有实际依据和有实战意义的观点。

(三)价格变动有迹可循

价格虽然千变万化，但它也不至于无迹可循。大量的事实证明，价格变动是存在趋势的，这是一个很重要的事实。既然有趋势，它就可以被寻找、被跟踪，图表分析要做的事就是寻找趋势、分析趋势，从中对后市走向找出应对方案。价格波动的幅度越大，在图表上就越是有迹可循。价格变动的趋势性越强，图表分析就越能显示其优势。

除了价格存在趋势性之外，价格变化发展过程中还会呈现一定特征的升跌模式。分析这些升跌模式，对把握价格变动的脉搏、预测后市发展方向和掌握交易时机等有很大帮助。在股票市场上，很多人都知道选股不如选时的道理，而选时正是图表分析的强项。图表分析可以根据图表价格上的图表信号，进行一种所谓"视图作业"，即有图表分析依据的技术操作，根据图表形态和图表信号设定入市和出市的时机和价位。借助图表分析进行交易，最大的好处是可以减少操作的盲目性，提高交易的胜算。

价格发展具有趋势性和特征形态的事实是图表分析具有存在价值的重要理论依据，虽然人们尝试运用图表分析去测市和买卖时，也许会觉得效果不理想，实际上这不是图表分析本身不行，而可能是交易者采用的分析方法不行，或者是分析技术未到家。医生有神医，也有庸医，有专家，也有实习医生；图表分析当然也有水平高低之分；何况，分析是为操作服务的，即使分析到位亦未必就能操作到位！除此之外，有时资金大户人为制造图表陷阱出现多杀多宰杀散户，也是造成技术分析不时失效的重要原因。应该明确一点，图表分析是作为一种分析工具存在的，大量事实证明，它对价格趋势的分析作用毋庸置疑，至于能不能借用图表分析改善交易效果，提高交易胜算，那是另一回事了。总之，价格变化有迹可循是图表分析技术有实际依据的又一佐证。

(四)价格形态经常重演

历史学家告诉我们，历史经常会发生重演。为什么历史会重演呢？我们知道，趋利避害是人类和动物的本能，人类的这种趋利避害的本性使得人们的许多行为模式经常相似,古今中外皆如此;于是,重演就在不经意间发生了。想想,连历史都会重演,价格形态会重演又有什么奇怪呢。人类追逐利润的欲望、心态和行为不会因为地域和时间的不同而有太多改变,因此人们在金融交易市场上的交易行为无论在昨天、今天还是明天,都不会有什么太大的区别。如果你肯花时间搜集大量的 K 线图表做分类对比,一定会为其中大量的相似图形而感到震惊。价格图形存在许多相似,意味着过去和现在的价格变动情况在未来也会发生。既然过去和未来存在某种无形的联系,那么,图表分析作为判断行情的方法不但成立,而且是大有可为。显然,这也是图表技术分析有依据的一个重要理由和佐证。

六、图表分析有讲究

既然图表分析有足够的依据,那么,它的分析效果如何呢? 这就是我们接下来要讨论的问题。首先要明白,图表分析是一个大的分类,其中包含的分析方法其实有很多种,而分析效果则与这些分析方法紧密相关,要谈效果,务必先解决具体分析方法的选择问题。对于"八仙过海,各显神通"的各种分析方法,需要有一个评判标准,就是说,要搞清楚什么样的图表分析方法才是好方法,否则难以受益,甚至反受其累。

我们认为,理想的图表分析方法必须做到以下几点。

1.客观性

客观性是对任何一种图表分析方法最基本、最起码的要求,是鉴别图表分析方法本身好与坏的第一块试金石。有些分析方法主观想象成分太重,往往使交易者实战操作时无所适从甚至被误导。诚然,市场价格的复杂多变,令人们对市况的分析即使再怎么努力也无法做到绝对的客观,不过,相对客观还是可以做到的。

2.确切性

确切性是鉴别图表分析方法本身好与坏的第二块试金石。凡是模棱两可、似是而非,甚至是故弄玄虚的图表分析方法都不是好的方法。模棱两可只会令人无所适从而导致缺乏交易的可操作性;故弄玄虚则是"误人子弟"。在一个高风险的市场运用缺乏确切性的技术分析方法是理性投资者的一种悲哀。当然,确切性并非动不动就肯定这个肯定那个,那是死板教条;确切性指的是相对确切,即要有一定的把握,有一定的准确概率,这样才会对交易有实实在在的指导意义。

3.变通性

图表分析方法作为一种分析复杂价格变化的工具,它不应该是形而上学和死板教条的。图表分析最忌绝对化,所有趋势的发展演变和价格形态的变化都是相对和有特定条件的。虽然市场的本质基本上不会改变,但某些市场心理和市场习惯却可能会因不同时间段而有所变化,何况还有人为和突发事件等完全无法预测的变化因素,因此,好的图表分析方法应该是辩证的和允许灵活变通的。确切与变通是矛盾的,能否处理好这个矛盾,做到既讲求确切性又能够不失客观与变通,是鉴别图表分析方法本身好与坏的第三块试金石。

4.利止损

任何分析法都不可能百分之百准确。有些图表分析方法会明确指出一些利于入市的机会形态,告诉人们什么时候可以买入或卖出,但却没有告诉人们一旦价格实际走向不按原来的分析预测方向发展时怎么办。因此,好的图表分析方法应该要包括检测对错的准则和纠错指引;就是除了能够帮助人们寻找入市机会外,还能帮助人们选择较为合理的止损位,这样才能使人知错和及时纠错,达到交易不利时减少损失从而有效控制风险的目的。所以,是否利止损是鉴别图表分析方法本身好与坏的第四块试金石。

上述四条是检验和评判图表分析方法好坏优劣最基本的标准。现时市场存在的各种方法中,有没有哪一种能够全部满足上述要求的呢?非常遗憾,似乎还没有。现在,新出现了一种全新的、相对比较理想的图表分析方法,叫作峰级分析,正是本书要推荐和详细介绍的主要内容之一。除此之外,本书还进一步介绍以峰级分析为基础的交易方法。图表分析是理论层面,交易操作是实践层面,若要两手过硬,是需要狠下苦功的。努力之下,投资成功可期。

第二章 价格规律与特性探索

一、价格规律探索

好的图表分析技术离不开好的基础理论,若只想着学招数而忽视学习与分析技术息息相关的基础理论知识,即使面对再好的技术也学不好、学不精。没有相当的理论底蕴,就算有好招式又如何,知其然而不知其所以然,在实战中必然会付出代价的。可以肯定,不愿意花力气去弄明白市场定律和价格变化有关原理的人,是很难成为技术分析和实际操作高手的,这和那些有作战经历但军事理论贫乏的人很难成为名将是同一个道理。

金融市场价格波动,最大的特点是多变性和突变性,因此,价格总是纷繁复杂、变化万千的。有人曾经这样形容价格的变化:"时而和风细雨、润物细无声,时而疾风骤雨、巨浪滔滔,时而单边疾走、义无反顾,时而来回上落、磨磨蹭蹭。"由于市场什么事情都有可能发生,因此价格变化不可能循规蹈矩,价格走势即使再怪异也属正常。对此,莫说生手,即使是行内的老手,也常常感到无所适从,唯叹市场的价格变化实在太难捉摸……

自从世界上第一只股票在荷兰的阿姆斯特丹挂牌交易以来,现代国际金融市场迄今已发展了三百多年,这三百多年的时间里,科学取得了巨大的进步,尤其在自然科学领域,无数反映事物发展规律的定理和定律被科学家发掘出来,可纵观金融市场,能反映价格波动规律的东西实在是太少了。近代物理学奠基人牛顿曾说过:"我可以计算出天体运行的轨迹,却不能计算出人性的疯狂。"面对充满人为因素的、复杂的市场,即使是大科学家也感到无可奈何。这是什么原因呢?也许牛顿的话本身就是答案,因为人心和人性的确是最难捉摸的。

难道价格波动真的完全不可捉摸，市场确实毫无规律可言吗？这个问题有意思。按道理，世界上应该没有什么东西是真的毫无规律的，小至细胞、原子和基本粒子，大至天体、时间和空间，都有其自身的规律。在科学家的信念中，没有无规律的事物，只有仍未发现其规律的事物。这就是说：未发现，并不等于没有。从这点来看，价格变化应该也会有一定规律才对。然而，现实的交易市场，却总是让人得出相反的结论。为什么会这样？因为影响价格的因素不但多，其中大部分因素还很不稳定，而且还在不停地变化着；再加上不时出现的各种消息和突发事件，还有资金大户的恣意妄为，凡此种种，所谓的价格波动规律从何谈起？所以，从这个角度看，价格的波动又似乎的确是无规律可言的。

不同的角度得出不同的结论，两种看法似乎都有充足的理由。怎么办？答案不可能既是有规律，也是没规律的吧？这可不符合形式逻辑的基本定律。看来，解决这个带有根本性的理论问题需要借助一下物元变换。

什么叫物元变换？曹冲称象就是物元变换的典型例子。有人想搞清楚别人送给曹操的大象有多重，但当时根本没有这么大的秤，大家一点办法都没有。曹冲提出把象牵上船，然后在船边浮水面的地方画一条线，待象下船后再放小石头到船上，直至船下沉到之前所画那条线为止，之后就称那些小石头的重量。曹冲将称大象转化为称小石头，聪明地解决了大象称重的问题。按惯性思维的其他人，只想到用秤来称象，自然感到束手无策。在这个故事里，大象、船、小石头和秤都是物元。所以，当有些事情难以解决的时候，适当变换一下过往的定式思维也许就能解决。

回到原来的问题，价格波动好像真的没有什么规律，就算它原本有规律，市场中那么多人为因素也会把它破坏掉。不过，先别忙着下结论，因为有一样东西叫作"市场习惯"，这个"市场习惯"可是确确实实存在的东西，它来源于市场中人的心理习惯和行为习惯，这市场习惯虽然不是规律，但也有点接近了。习惯是不易改变的，好在这个市场习惯不是一两个人的习惯，而是成千上万人综合形成的，更不会说变就变。我们因此认为，某些市场习惯在相当程度上可以当作市场规律来看待。

学过微积分的人都知道，对一条曲线无限切割，就能得到无限趋近于直的线段。假如我们对交易市场的某个时间段进行切割，使人为的干扰因素趋近于零，那么，是否也能够得到一些非常接近规律的东西呢？

对于规律，人们通常都会把它看作绝对的、百分之百的东西，是所谓放诸四海而皆准的东西。但事实上,自然规律在某种意义上也是相对的、有条件的,失去某些特定条件,即使是自然规律也未必能够做到毫无例外。比如时间和空间,本来毫无疑问是绝对的,后来爱因斯坦发明了相对论,发现它们居然也是相对的。另外,现在不是有混沌理论与模糊数学等新理论出现吗?所以,即使是自然规律也不能完全排除它的相对性。

其实,人文科学中的规律与自然科学中的规律是不一样的,经济规律从来就不可能像自然规律那么严谨,因此不能用看待自然规律的眼光看待经济规律。我们不妨改变一下思路,用非线性思维来看待和寻找价格波动的规律,不搞绝对化,不求"放诸四海而皆准",不追求百分之百,那么问题就好办多了。自然法则和人类的思想行为同时影响和制约着价格市场,也就是说,价格变化始终受到人性和物性的影响。由于人性和物性并非完全不可捉摸,因而价格运动应该确实存在一些"相对而言的规律"才对。事实上,只要用心观察且善于总结,我们将不难发现,看起来杂乱无章和毫无规律的价格波动果然存在某些"规律"。

现实常常令人感到迷惘,当人们试图寻找这些规律及变化原理时,发现无论怎么努力,所找出来的东西全部都多有例外,若把它们当作规律和原理来看待明显站不住脚。金融市场至今仍没有一套正确率较高的预测系统,其原因很大程度上与此有关。这再次说明,唯有用相对的眼光看待规律,才能把那些带有明显规律性但又不排除有例外的东西找出来。

这里产生一个问题,既然是相对规律,那么怎么个相对法?我们认为,按三七来划分比较好。就是说,努力把大量图表所证明了的概率大于七成而例外小于三成的形态找出来,把它们当成价格变化的某种"规律"或原理来看待,用通俗的话来说就是"七成当十足"。我们承认,把只有七成以上可靠性当成规律很不严谨,纯粹是一种实用主义,但没办法,没有相对规律的理念,没有这个实用主义的"七成当十足",实用的图表分析理论就很难建立;只有将"七成当十足"作为探索研究价格波动规律的大前提,各种价格变化原理才有机会浮出水面,各种实用的图表分析技术才得以全面、深入地发展起来。

这样一来,在"七成当十足"的前提下发展出来的图表分析技术立刻变得具有实战性及可操性了。首先,交易者在理论上具备了人为争取七成以上胜算的可能;其次,由于分析和预测不追求十足准确而令它反而更加符合实际和更加具有可信性。至于允许出现例外的规律到底还能不能称其为规律,这个问题现在已经没有意义了,反正"七成当十足"中的"当"字本身就是当作的意思,不容太较真。

那么,有上述所言观点作为大前提,我们就可以在以下篇幅放开束缚去探索价格运动的内在原理和变化规律了。

二、价格升跌概率

关于市场价格的升跌概率,不得不提到国外曾经出现过的一种称为随机漫步的理论。该理论认为,任何时候价格的未来变化都如同抛硬币,即其升跌概率只是 50%。因为市场价格的波动是没有记忆可言的,价格未来的升跌与之前的升跌之间并无必然联系,昨天的升不代表今天也会升,上一刻跌也不代表下一刻也会跌。由此得出这样的结论:价格的所有变化都是随机和不可预测的,因而根本不存在走势预测这回事,图表派的所有推测只是一派胡言,即使预测对了,也只能算是巧合,并不能说明什么。这种理论似是而非,听起来有一点道理,实际上完全是一个歪理,现实根本不是那么回事。

首先,随机漫步理论将价格升跌概率等同于抛硬币概率就很不适当,简直远离人们的常识。大家知道,世上凡是掺和了人为因素的事情都不会太简单,所以,用抛硬币这样简单的东西来说事是完全没有说服力的。其次,随机漫步理论认为任何时候价格升跌概率均各占 50% 的论点是不成立的。如果它所说的任何时候是指任何瞬间倒是没问题,但其本意肯定不是这样,因为没有时间跨度作前提去谈概率是毫无意义的。谈概率,必须有前提,要有基本条件。举个例子,假设现在有一个布袋装有十个小布球,其中白球七个,黑球三个,那么我们伸手摸中白球的概率就是百分之七十。这个例子中布袋里黑白球的数量就是分析概率的前提和已知条件;如果根本不知道布袋里黑球与白球的实际数量,那么摸白球的概率就根本无从谈起。借用这个例子,现在市场就是一个布袋,这个布袋里头有时黑球多,有时白球多,我们凭什么就认定其升跌概率是百分之五十呢?我们都知道,在股票市场处于牛市的时候,价格上升的概率就明显大于下跌的概率;熊市则正好相反,价格下跌的概率明显大于上升的概率。按照随机漫步理论任何时候升跌概率均各占 50% 的观点该如何解释?

实践是检验真理的唯一标准,市场的大量事实证明:升跌概率是存在大小之分的,有时是升的大,有时是跌的大,总之,在不断的价格变动中,升跌概率均衡是偶然和相对的,而不均衡则是必然和绝对的。正是因为有这个不均衡,才有价格趋势的存在,没有概率的偏斜,就没有趋势的发展。

另外,随机漫步理论认为市场价格波动没有记忆,价格未来的升跌与之前的升跌无关的观点似乎过于机械,没有说服力。价格变动本身没有思想,当然没有记忆,但价格变动是由资金引起的,而资金是由人来操作的,而人不但有记忆,还有思想,如昨天价格下跌并且低收,那么,本来没有打算卖出的人就有可能因为担心继续下跌而考虑卖出,而本来打算今天买入的人就会犹豫起来甚至放弃计划。在这里,昨天的下跌虽然的确不会直接令今天也跟着下跌,但它确实在某种程度上影响到今天的价格了,这说明未来价格如何变动与之前的升跌无关的推论是不成立的。至于说记忆,也许人的记忆会不知不觉转化成为市场价格记忆,不过这已经不重要了。

随机漫步理论虽然毛病多多,但它带来一个令人思考的问题,就是未来价格表现是否可以进行技术性预测的问题。我们说,答案是肯定的,这不就是图表技术分析要做的事吗?由于随机漫步理论关于价格升跌概率相等的假设不成立,于是乎认为价格变化完全不可预测的结论也就不成立了。

三、连续发展特性

价格波动有一个显著特点,就是它具有发展的连续性。什么是连续性?顾名思义连续就是连接与继续。大家应该玩过或者见过多米诺骨牌,前面一块牌倒下,立刻导致后面的牌也一块接一块倒下,这种现象被称为多米诺骨牌效应,这是连续性最简单的例子。

从哲学的观点看,事物的变化发展普遍具有连续性。道家认为,世间万物,有一就有二,有二就有三,三生万物;无论是物质的运动,还是生命的遗传进化以及人类文明的发展都具有连续性。价格运动也不例外,同样具有连续性,否则何来价格趋势这回事?打开各种金融商品的 K 线图,你定会发现价格连升或连跌非常普遍,即使连升或连跌十天八天也是很平常的事。因此,若今天的价格上升,我们则可以根据连续性原理优先推断明天价格也会继续升;若价格出现下跌,我们也可以根据同样的理由推断明天的价格会继续下跌。不要以为这样的推断简单粗暴,实际上有它的合理性;金融交易有一条准则就是"升跌概率决定出入市方向"。所以,借价格的连续发展特性带来的概率优势做出的操作安排是有依据和有实战意义的。

金融市场上,价格连升或连跌的累积幅度有时是很大的,它说明价格波动的连续性不仅是实实在在的东西,而且"杀伤力"很大,假如你不小心逆了它的势的话。难怪人们总是说"顺势而为是市场的金科玉律"。所以,充分认识价格发展的连续性,对我们的实际交易是有好处的。

四、间歇变异特性

事物的发展不但具有连续性,同时也具间歇性。我们认为:前者反映事物发展的连贯性,后者则反映事物发展的变异性。它们是对立统一的矛盾的两个面。间歇性可以简单理解为对连续的中断,而这种中断有时是暂时性的,有时则可能是彻底的终止。

明白价格发展具有连续性,我们可以更好地理解价格趋势;明白价格发展具有间歇性,我们可以更好地理解价格回调整理。间歇性的发生是必然的,但什么时候发生却充满了偶然。具体到价格问题上,价格发展的过程中,无论上升趋势还是下跌趋势,反弹和回调是必然会发生的,趋势的完结和逆转也迟早会发生,而什么时候出现和在什么位置上发生却是偶然的。价格随着趋势走时,大多数时候表现为断断续续、走走停停,甚少出现一路狂飙、直捣黄龙的情况。理论上,任何时候都有可能停下来回调整理,甚至终结当前的趋势。所以,任何趋势都是相对和暂时的,突发事件和市场中的人为因素随时都有可能令原来的趋势瞬间发生逆转,这时候看上去是偶然,实际上反映了一定的必然。

图表分析离不开客观性和变通性,无论什么时候,对价格变化的预测都应该是一种留有余地的预测,即使在你感到很有把握的时候,最好也要保留三分余地;任何迷信趋势或夸大趋势的心理与行为都是盲目性的表现。事物发展的间歇性和偶然性告诉我们,所有主观的判断或预测在事实还没有出来之前,都不能排除随时发生变故的可能。正因如此,我们反对孤注一掷的交易行为。

连续性和间歇性是对立统一的,没有连续就无所谓间歇,没有间歇也无所谓连续。明白事物发展的连续性和事物发展的间歇性,明白价格趋势和价格调整存在的客观性,会使我们的交易操作更具理性。

五、价格乖离特性

　　每一种商品都有自身的价值,这个价值在市场上以什么形式体现出来呢?当然是价格。按道理,价格就应该反映价值并且随价值变化而变化,但现实市场中,价格却经常严重偏离价值,这种情况就是人们常说的"价格乖离"。价格乖离不但非常普遍,有时候还非常离谱。当某商品受到市场追捧时,它的价格可以一高再高,到令人咋舌的地步;而当它被市场冷落或唾弃时,它的价格亦会一跌再跌,直跌到令人难以置信的地步。这种情况无论是股票还是期货,在中国市场还是国外市场,皆不是新鲜事,人们早已司空见惯。

　　价格乖离不仅是一种价格现象,它还是一种市场价格变化特性,这个特性说明了什么?它说明了在交易市场中,价值大多数时候是管不住价格的。由于影响价格的因素太多,而商品本身的内在价值也并非一成不变,这使得价格与价值的关系总让人说不清道不明,于是很自然产生这样一种说法:"价格偏离价值是绝对的、长期的,不偏离反而是相对的、暂时的。"从动态的角度看,这种说法倒也说得过去。

　　在金融市场上,价格偏离价值早已成为常态,其原因虽然复杂,直接原因还是在于资金的推动是人为因素所致。对普通投资者来说,价格是否偏离价值,市场价格是否合理,没必要太较真;价格的升跌很多时候只需要一个借口而已,关心其原因是没必要的。从技术的角度出发,应务实不务虚,不管价值和价格如何变化,一切以价格的市场表现为准。这要说起来,价格偏离价值也未必是坏事,正是由于到处都有这种偏离,整个市场才充满了投资或投机的机会。

　　既然人为因素对价格变化的影响很大,那么能否说价值是不变的,变的只是价格?当然不能这样说。价值本身也会变化,它本来就是一个动态的存在。比如一个上市公司经营业绩大幅提升,那么该公司股票的实际价值自然也会跟着提升。再问,既然价格严重偏离价值的情况随处可见,那么价格是否就完全不能反映价值呢?当然也不是。毕竟人为因素只是价格变化的外因,商品本身的内在价值才是价格变化的内因。应该说,是内因和外因同时影响市场价格的变化发展。

　　价格乖离不否定价值对价格的影响和牵引作用。我们说,价格就像顽皮的小孩,而价值就像小孩的家,小孩在外面玩到一定时候总得回家。人们把价格走完极端之后又重新回到价值附近的情况称为价值回归。

通常,当价格远离价值,基本因素分析忙着寻找原因时,图表分析则往往表现得比较"麻木"。因为图表分析不太关心商品的真实价值,它只相信图表所反映的价格现状,换句话说,它信奉和讲究的是"眼见为实"。你说偏离,谁知道会不会继续偏离?你说回归,谁知道什么时候才回归?所谓"物极必反"没有错,问题是怎么知道真正的"极"在哪里。也许是因为这个只信当下的原因,有人曾经提出一个这样的观点:"理论上,只要价格还在升,任何价格买入都不算错,同样,只要价格还在跌,任何价格卖出都不算错。"这种观点虽然偏激,却也有一定的道理。以经验论,长线不算,中短线尤其日内金融交易其实不需要太过相信和追求投资价值,因为大量事实证明,价格波动经常与商品本身的实际价值无关甚至是背道而驰的。比如某上市公司财务报表公布业绩,利润只增加了一角几分钱,股价居然可以急升几个涨停板,这从价值角度看有点不可理喻。也许有人争辩说:"是因为看重成长性。"成长性是应该看重,但有成长性不等于一定会成长,顶多是一种可能的趋势,它毕竟不是实际价值。事实上,所谓成长性未见得有多可靠,往往只是市场资金主力拉升股价的一个很好用的借口而已。散户们之所以争相跟进,说得难听点,绝大部分人其实是在"博傻",说出的理由是:"只要还有更傻的人在后面接盘就没事。"显然,金融交易的这种"博傻"现象有点像击鼓传花游戏,谁都知道一旦鼓停时花在谁手上,谁就会成为前面那些人的"买单者"和"奉献者",但在赚钱欲望驱使下,人们还是勇敢地把花接过来,然后再等待别人把花接过去,只要击鼓未停就有希望。由此看来,很多时候,价格波动受市场交易者总体心理的影响反而比受商品内在价值的影响更大。正是因为投资价值被盲目的市场行为严重扭曲,市场上出现了一些没有投资价值、只有投机价值的交易品种。于是乎,不少讲究技术分析的投资者干脆就把市场上各种交易品种的投资价值放在一边,只把它们当作某种交易游戏中的道具来对待了事。

六、速度惯性原理

理论力学中的惯性原理早已成为人们的物理常识,大家都知道,物体运动存在惯性,而且速度越快惯性越大。有意思的是,除了物体运动之外,人类的思维和行为也是普遍带有惯性的,这种惯性通过人们在市场中的买卖行为在不经意间被带进了市场,于是乎,价格波动也变得带有惯性了。价格波动的惯性跟物体运动的惯性有很大不同,运动物体的质量越大惯性也越大,而价格波动的惯性无所谓质量,其惯性大小只看速度;价格走得越快,惯性就越大,也就越不容易回头。这就是我们所说的"速度惯性原理"。

对价格运动惯性有充分认识的人在短线交易中比别人更容易占得先机,往往当价格突然出现急升或急跌,一般人还没反应过来的时候,他们已经采取跟风行动了。他们不担心价格又倒回去吗? 当然也会有担心,只不过是他们看到价格的快速移动推进,知道在惯性的作用下,价格马上又倒回去的概率比较小,因此才表现得比别人敢拼。不过,话说回来,任何事物都是相对的,先急升后急跌的事情偶尔也会发生。这里面的原因比较复杂,有时是因为市场出现突发消息,而人们对该消息看法产生严重分歧,多空激烈博弈;有时可能是因为资金大户刻意震仓,剪散户羊毛;在期货市场,有时甚至是主力纯粹只为了扫止损挂单,这种手法行为与抢钱无异,非常恶劣,大鳄也不敢常用。所以,不管怎么说,既然拼的是概率,投资者就要有随时止损认赔的心理准备和做好止损防范措施,打得赢就打,打不赢就走,这样就不怕因价格"昙花一现"而落入陷阱了。

七、能量累积原理

大家都知道,市场是由买卖双方共同组成的,有买就有卖,有卖就有买,理论上,所有的买卖行为都会或多或少影响价格的变动;无论是买方的力量还是卖方的力量,只要以资金的形式进入市场,都会立刻变成一种推动价格移动的能量。买卖双方的能量加在一起,就构成了市场的总体能量。市场能量永远处在不断变化中,如果价格在某个相对狭小的范围内反复上落,市场能量就会逐步累积而变得越来越大,这就是我们所说的"能量累积"。

价格变化中的能量累积虽然看不见,但可以通过图表上 K 线的密集程度去感知它的存在和大小。因为能量的积累除了进场资金的积累外还需要时间,两个因素缺一不可,而密集的 K 线基本上反映了这两样东西,所以 K 线越密集,说明其积累的市场能量越大。

能量既然积聚,最后总要宣泄与爆发,爆发后所产生的价格冲击力度与能量的大小成正比关系。正如乌云积得越厚雨下得越大,火药装得越多爆炸的威力越大一样,股市就有这样的说法:"横得越长,竖得越高。"能量积累的情况在可双向操作的期货市场尤为常见并且更激烈,多空双方在某个价格区域内你来我往,激烈争持,一旦某一方胜出,价格往往急如漏网之鱼,快如脱缰之马,正所谓得势不饶人。如果投资者在交易中碰到这种爆发行情,切记要宁顺之,勿逆之。

尽管能量积累的大小可以通过价格争持区中 K 线的密集程度找到感觉,而在某个争持区的能量宣泄与爆发的方向,也可以做一些判断或预测,但不可靠,一般只有在事实出来之后我们才能确定。如果想利用能量爆发的特性做交易,稳健的做法是等待能量爆发的方向出来以后再伺机介入。

八、量变质变原理

辩证法三大定律中有一条定律叫作"量变引起质变"。这条定律告诉我们,数量的变化不只是单纯的增加与减少,事物数量的改变,往往会引起质的改变。比如,享受美味的食物本来是一件好事,但假如一再让你多吃,那么你很快就不是享受而是受罪了。量和质是有密切联系的,量变必然会引起质变。但是,并非数量稍变质就会变,而是量变到一定的程度才会引起质的改变。在价格市场上,辩证法中量变引起质变的定律是完全适用的。

有个新股民看好某只上升的股票,一心想买个好点的价钱,见到股价往下跌他很高兴,心里还默默叫喊:"快点跌!跌多点。"如他所愿,价格几乎跌停板,于是他满意地买进了这只股票。可谁知道,这只股票竟然连续跌了好几个跌停板,他的损失可想而知。要说该股民等价格回调才买入的想法本来没有错,问题是价格回调太多就不能买了,因为这意味着升势有可能已经结束,该股民要是懂得量变引起质变的道理,他一定会有所警惕。正确的做法应该是等回调明显乏力或开始重新上升时才买,如果价格一直往下跌就要小心或干脆放弃。同样,若价格反弹得多,也可能表示趋势要转跌为升了。曾经有个叫哈兹的人,他一直坚持这样一种交易手法:跌势股票须等价格反弹百分之十才会考虑买进,而手中股票跌幅达到百分之十时他就坚决卖出。哈兹的这种手法所根据的就是量变引起质变的原理。他的这一手法后来被人称为"哈兹转换法",据说他借此赢了不少钱。

中庸之道很强调一个"度"字,提倡做什么都得讲求适中适度,过强过弱,过多过少,都容易引起质变。价格波动也一样,上证指数从六千多点已经跌了两三千点,超出了正常调整的范围,熊市早已经到来,最后股指跌到一千八百点还未停下来。

九、趋势固执原理

价格运动中的趋势除了表现出倾向性之外,还经常像一个认死理的老夫子一样表现得很"固执",我们不妨把趋势这一执着难改的特性称为"趋势固执",用通俗的话说就是"转势难"。

趋势固执难改反映和说明在价格发展的过程中,其运行趋势具有持续而不容更改的稳定特性。就是说,价格波动一旦形成趋势,若没有特别的足以令其扭转的因素出现,价格都会顽固地按趋势的发展方向运行。价格变化既然出现趋势,说明投入市场的资金量已经明显发生倾斜。这种倾斜实际体现了市场的主流意愿和信心,而市场意愿和信心通常是不会轻易改变的,这应该就是趋势形成之后转势艰难的主要原因。另外,在趋势发展的过程中,普通投资者顺势而为,推波助澜的跟风操作也是造成转势难的另一个重要原因。因此,"转势"确实是一件"谈何容易"的事,或者可以这样说,趋势要是容易逆转,它就不是趋势了。

强调转势难针对的是交易者的交易意识。在双向操作皆可获利的商品期货、指数期货或外汇货币等市场,经常会看到这样两种人。一种是见势不敢跟,生怕跟进去之后行情反转而被套,结果常常"目送行情空悲叹",其中少数是因为患有"恐输症",多数则是因为对趋势的持续性和稳定性认识不深;另一种是喜欢主动去"摸顶捞底"的人。本质上,这两种人都属于对趋势固执特性不了解或体会不深的人。为什么在有经验的交易员眼中,"摸顶捞底"是一种危险操作,不敢亦不愿为之?多数是因为他们在这方面吃过亏,有过这方面的经验和教训,因此不会随便相信转势,宁愿入市价位差一些,也要等趋势的方向明确之后才动手交易。以外汇或期货为例,遇到单边市时,趋势经常会一直延续到当天收市,一日之中,顶和底只有一个,当你认为某个价格是顶或底时,可能不一会儿它又被新的顶或底代替了。市场上总有一些期待转势的人,其中有些是热心于摸顶捞底的人,我们说,即使这些人偶然成功也未必值得恭贺,其后恐怕还会应了人们的一句老话:"输钱皆因赢钱起,赢粒糖输间厂。"另外一些人对趋势逆转的期待更迫切,通常是那些不甘心接受失败的人,他们在交易中找错了方向,又不舍得通过止损认错离场,于是抱着侥幸的心理祈求和等待价格反转,可是,转势有那么容易吗?不排除有时真的会如愿减少损失甚至扭亏为盈,但这种咬牙不认输的操作其实更危险,若经常为之,往往一次失败就会全盘皆输。

认识趋势固执的道理,可以帮助交易个体克服操作中的侥幸心理和"重价不重势"的毛病,从而减少许多不必要的损失。当然,转势难不等于说趋势可以无止境发展。趋势的稳定性毕竟是相对的,试图捕捉行情的头部或底部也不是绝对没有机会,我们的建议是,如果真要逆势"做反手",最好是在市场已经出现明显转势信号的时候才考虑动手,而且一定不要忘了止损,做足见势不妙、走为上策的准备才好。

十、交易思想底蕴

前面说了一堆原理和特性,说了一通理论,相信有人会问,这些非技术的东西对交易有用吗?答案是肯定的。可以说,那些东西不是技术,胜似技术。要知道,好的理论是能够指导实践的,分析技术和操作技术都是要讲思想底蕴的。在战争年代,毛泽东曾经明确指出单纯军事观点要不得,那么单纯技术观点呢?也是要不得的。金融交易当然也存在一个意识的问题。我们对价格运动有关的理论进行分析和探讨,就是为了增强这个不容忽视的交易意识。

大多数时候,人们对于价格变化原因和市场表现的看法,总有一种盲人摸象的感觉,换言之是看不清道不明的。而隐含于其中的那些特性和原理本身是既难以发现,也不容易表述的。也许有人会质疑,上述所提的那些带有规律性的东西是否称得上"原理"。平心而论,那些理论观点算不算规律和原理我们不在乎,也不争辩,对事物的看法本来就是见仁见智的,本章所述的相关理论不过是我们所做的一些探索和研究,只是一家之言,仅供参考。

研究探索有关市场和价格的相关理论,目的只有一个,就是希望能够更好地指导交易实践。我们所看见的价格变动只是一种价格现象,要想透过现象看本质,知其然而知其所以然,离不开相关理论的支撑。如果投资者能够做到充分了解各种价格运动的原理和特性,那么他的技术分析能力必然会更加通透,交易操作技术必然会更加扎实。也许有些人学习图表分析只是希望得到一些立竿见影的交易招数,故而对基础理论知识和交易意识等缺乏兴趣,却不知道他们不感兴趣的东西对交易操作的重要,并不亚于具体的操作技术。这种不重意识只重招式的人眼光未免太短,在一个复杂多变的价格市场中,来不得半点急功近利。老话说:"学艺学全套。"要想真正成为一个图表技术分析高手和交易高手,要想成为市场上的真正赢家,就不能拒绝了解和学习相关理论,就不能忽视丰富自己的交易思想底蕴。

第三章　图表简介与 K 线解读

一、K 线图简介

　　图表分析先要选择合适的分析工具,这个工具就是商品价格图表。以往价格图表有多种,如今除了 K 线图,其他种类的图表已经很少人用了。K 线图之所以成为最普遍和最常用的分析工具,是因为它反映的信息最多,而且够直观。以其中的日线图(见图 3-1)为例,每一条 K 线都包含了五个基本信息:开盘价、收盘价、最高价、最低价和当日价格的最大波动幅度。另外,当日开盘价和收盘价之间的线段被有意识描粗成蜡烛状实体,使实体外的线段变成上影线和下影线,使得 K 线徒增两个分析因子。假如收盘价高于开盘价,此 K 线称为"阳线";假如当日收盘价低于开盘价,则称为"阴线",由此又增加了两个分析因子。简言之,K 线图胜在优点明显,非常方便实用,被人们普遍认定为最佳技术分析图表实在当之无愧。

　　K 线图不光有日 K 线,还有长周期的周线、月线和年线,日内短线交易还可以把时间周期分为更小的单位,如 60 分钟 K 线图和 30 分钟 K 线图,更短的还有 15 分钟、10 分钟、5 分钟等,这些不同周期的 K 线图都很容易从行情分析软件上调取,使用者可以根据需要任意选择以作分析之用。

　　在不同周期的 K 线图中,日线图最具代表性,因其隐含的技术分析含义最多,故无论长线投资还是短线操作都离不开它。研究了解日线图是图表分析最基础和最有意义的一件事,按循序渐进原则,就先从单独的一条日 K 线讲起。

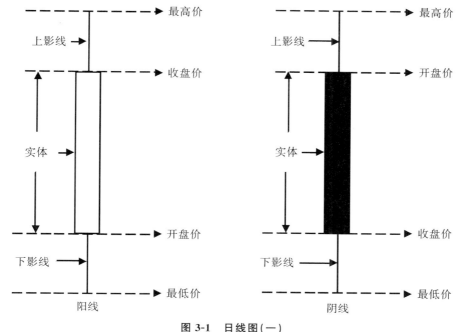

图 3-1　日线图（一）

二、单日线解读

日线图中最基本的单位简称单日线。由于市场每天发生的情况不可能一模一样，因此日线与日线之间基本上只有相似，极少相同，每一条单日线均拥有自己不同的技术特性和市场含义，可以说是颇有个性。那么，单日 K 线到底能给我们提供什么信息呢？先说简单直接的：

（1）日线长度——它反映了该交易日的最大震荡幅度。

（2）最高价——当日曾经出现过的最高价位。

（3）最低价——当日曾经出现过的最低价位。

（4）开盘价——当日市场最先成交的价格。

（5）收盘价——当日市场最后成交的价格。

以上是日线中包含的五个最简单直接的信息，均为当日市场已发生的事实。不过，读懂这些一看就明白的表面信息当然谈不上日线解读，真正的解读是要理清楚它们本身隐含的非明面上的信息。比如，日线为大阳线，表示当日升势猛烈;要是大阴线,表示当日跌势惨烈;如果是一条短线或是开盘价与收盘价相同的十字线,则表示买卖双方的资金博弈势均力敌,谁也奈何不了谁。解读至此还没有完,除了反映当日市场现状外,大阳线还暗示市场有较强的拉升意愿,行情存在上升趋势;大阴线暗示价格被强力打压,行情可能存在下行趋势;而十字线则可能暗示多空双方仍在观察和等待,暂时不能或暂时不求突破。又比如上影线长暗示上升阻力太大,而下影线长则暗示市场反弹意欲强烈甚至已经触底。

可能许多人还不知道,其实日线中最重要和最具分析价值的分析因子是收盘价。收盘价可以看成是当天买卖双方争持的最终裁决,不管资金拼杀情况如何,在收盘那一刻,尘埃落定,双方最终唯有认可和接受。收盘价有两种,一种是中收,即收盘价落在日线中部,可理解为买卖双方意愿与力量在当天高低幅度范围暂处均衡。另一种是端收,指收盘价收于日线的上端或下端,可理解成当天多空博弈胜负有了结果,无论高收还是低收,都容易令人产生未来价格上升或下跌的预期,而市场心理预期必然会影响未来的价格变化,所以我们认为,端收日线是带有一定程度指向性的。

如图 3-2 所示,在所有日线中,小阳小阴和十字形日线基本没有方向感,大致上有六种日线带有一定程度指向性,分别是大阳、中阳、大阴、中阴,还有拖着大上影线的空胜线及下影线的多胜线,这六种日线所带有的指向性使它们具有了可供预测的功能特性。

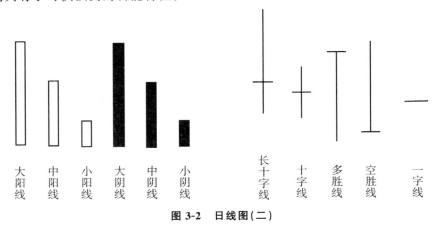

大阳线　中阳线　小阳线　大阴线　中阴线　小阴线　　长十字线　十字线　多胜线　空胜线　一字线

图 3-2　日线图(二)

综上所述,单日线不仅具有对当日市场的反映功能,同时还具有对次日市场的暗示功能和预测功能,这些功能是图表分析存在客观依据的一个有力佐证。日线解读的目的意义在于运用透过现象看本质的思维,同时结合前人的经验和常识,试图从中提取出对交易操作有实际帮助的东西。微小之处觅真机,可以说,这样的解读可视为图表分析需要修炼的第一个基本功。

三、双日线解读

如果把一幅日线图看成一本无字天书,那么单日线就是无字天书中的基本因子。要破解"无字天书",当然得先从单日线的解读开始。遗憾的是,单日线虽然具有指向暗示从而产生一定的预测功能,但毕竟一条孤立的单日线本身暗示功能过于薄弱,在没有对照参考的情况下,单纯以此预测后市变化,显然说服力不够;况且,单日线预测因为完全忽略其之前的价格发展轨迹及所处市况环境,等于是仅凭一个对"过去"置之不理的"现在"去预测"未来",准确性和可靠性自然很有限,难以令人建立信心。所以,无论为了提高预测的准确性和可靠性还是为了增强信心,我们都需要再增加一些分析元素。

要增加分析元素,最直接的是把单日线的左邻线加入进来,当加入这条日线之后,相邻的两条日线便组成了一个最小的图形组合——双线组合。在双线组合中,左邻线作为带有坐标性质的参照物,在日线分析时颇具参考价值。

不同的日线使得双线组合必然也是多种多样的,分析和研究这些组合,叫作双日线分析,也可以称之为双日线解读。如果说单日线的实际作用是根据现在推测未来,那么,双日线解读的实际就是根据昨天和今天去推测明天。我们说,左邻线的增加绝对不是简单的一加一,从分析角度看,双线解读和单线解读相比,准确性和可靠性均上了不止一个台阶。不要小看这种小组合,要知道,以小观大,以简应复杂,有时候未必不是探索和解决问题的最佳手段。当然,双线解读对中长线投资者来说可能意义不大,但对于普通投资者来说,不妨把它看作是图表技术分析需要修炼的第二个基本功。

四、延续性组合

在双线组合中,延续性组合是日线图中出现最多的组合。它由两条相邻的 K 线 r_1 和 r_2 组成,左边 K 线代表过去,右边 K 线代表现在。其特征是左右两条线的收市指向相同且右线突前,如图 3-3 所示。如果它们收市向上,表示昨天价格上升而今天继续上升,是现在的升势延续了过去的升势;同理,如果它们收市向下,表示现在的跌势延续了过去的跌势。

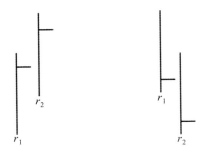

图 3-3 延续性组合(一)

延续性组合的技术含义就在于"延续"两个字上,它的逻辑就是:今天价格走势跟随昨天的走势,说明市场认可了昨天的走势,那么,是否可以暂时把它看成是一个趋势的开始呢? 这就是延续性组合给出的一个暗示。按照这个暗示,昨天和今天价格升了,明天可能还会继续升,昨天和今天价格跌了,明天可能还会继续跌,如图 3-4 所示。

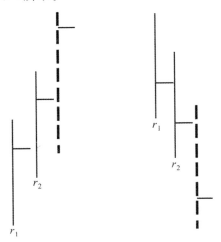

图 3-4 延续性组合(二)

延续性组合所表现出来的价格变化倾向,虽然和明天将要发生的事实之间没有必然的联系,但却不能否定它所具有的分析意义和实际操作意义。为什么这样说? 因为概率。第一,从图表分析的角度来看,任何图表暗示与价格倾向只要拥有百分之六十以上的概率,都自动具有分析预测的意义;第二,从交易策略的角度出发,只要市场没有出现掉头信号,都应该相信价格走势会延续下去。世事无绝对,不要指望市场有必升必跌这样的事,尤其是普通投资者,玩的就是概率,升的概率大就买,跌的概率大就卖,就这么简单。

由于延续性组合所发出的图表暗示是明天价格很可能继续朝原来方向发展,根据"七成当十足"的观点,交易者就有理由选择暂时相信它。根据粗略统计,延续性组合以后的市况"果真延续"的概率不低于百分之六十。

在对延续性组合的暗示信号给予肯定之后,我们也不能忽视事情的另一面,在实际市场中,至少有三种情况会使它改变或失效。

第一种是它出现在市况调整阶段,如图 3-5 所示。在价格回调整理的过程中,和主流趋势方向相反的延续性组合发出的暗示往往不可靠,因为长期以来我们留意到,七成以上的反弹或回调在两天至三天之内就会结束,造成延续性组合的指向暗示失效,这点需要特别注意。

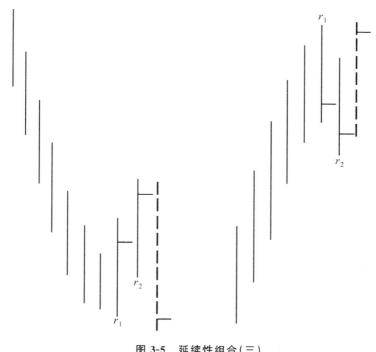

图 3-5　延续性组合(三)

第二种是那些明显不太标准或变形的延续性组合。遇到这种图形,最好直接忽视,因为它们在本质上恐怕已经不属于正常的延续性组合了。

第三种是遇到无法预测的突发事件。须知所有图表形态都只能起到一种静态暗示的作用,在动态的交易市场中,不仅突发事件容易使之失效,人为操纵更容易使之失效;当某些大的资金势力有心影响市场的价格变化时,几乎没有任何一种图表形态可以抗衡它的冲击。绝大部分情况下,小户斗不过大户,散户斗不过庄家,这是金融交易市场不争的事实。对这种人为的破坏因素,只能靠灵活的投资策略去应对。

五、逆转性组合

上一部分介绍的是当日价格跟随昨日的走势延续,这一部分介绍另一种情况,就是当日价格不但不跟着走,还要往回跑。如图 3-6 所示,假如两条日线 r_1、r_2 中,r_2 顺向突前而收市却相反,又或者 r_2 收市不仅掉头,还反向突前,那么,我们把这类价格的组合称为"逆转性组合"。在逆转性组合中,右线指向否定了左线指向;由于左右线指向已经相反,尽管未必会造成转势,却实实在在呈现了明显的反向姿态和浓厚的倒退意味,暗示市场上买卖双方已经出现攻守置换,市况反复或趋势暂时逆转的情况已经呼之欲出了。

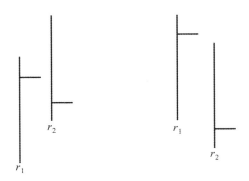

图 3-6　逆转性组合

金融市场上,投资者普遍都希望能够在第一时间发现转势,然而发现真正的转势是很难的。逆转性组合虽然只是一种逆转暗示,一种转势倾向,这对实际操作者来说已经很不错了,不管到头来是真的转势还是暂时的逆转,能早一步发现价格掉头总是一件美妙的事;至于走势逆转之后价格会走多远,那要另作考虑。粗略统计过,逆转性组合发出的掉头暗示,正确率大于百分之六十。

对于一个交易员来说,超过六成的概率已经不算低了。

关于逆转性组合,有两个具体问题要说明。先说第一个,为什么说逆转性组合是掉头信号而不是转势信号呢? 因为掉头不等于转势,掉头是指价格往回走而已,转势则往往指整个趋势的反转。就像操场上喊口令,一个是"向后转",一个是"向后走",那是两码事。所以,掉头和转势是两个相似而实质不同的概念,这点必须明确。双日线分析毕竟是仅限于关注眼前和下一刻可能要发生的事,既然本身就是一种短视的方法,自然管不了太远。如果想看远一点,必须把它放到更大的形态里去综合分析,那就需要运用更进一步的分析方法,这些会在后面章节进行介绍。再说第二个问题,为什么概率又是大于百分之六十? 不能说百分之七十以上吗? 不是不行,既然是粗略统计,总得留点余地;要知道,不同的市场,不同的品种对象乃至不同的时间段出现的情况也会有所不同,不可能有太准确的统计。

六、竭止性组合

假如两条K线虽然棍头同向但右线没有顺向突前,又或者右线虽然突前但收盘价回抽造成指向模糊,那么这种带有原势衰竭意味的两条K线我们称之为"竭止性组合",如图3-7所示。这种组合给人进攻已经无力、推进即将停止的感觉。所谓的竭止是针对原势而言的。

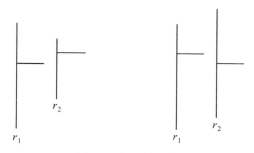

图 3-7 竭止性组合

一般人总认为,价格变化只有两种状态,不是升就是跌。我们的观点是:首先,做图表分析应尽量淡化价格升跌的意识,这就是说,把关心价格的升跌转换成关心价格的进退,落实到图表上就是关心价格在图表中到底往上走还是往下走。其次，如同物体运动有前进、后退和静止三种状态，反映在图表上当然也有前进、后退和暂停三种状态，简称为"进、退、停"。这个"停"字不难理解，人走累了要休息，汽车途中要加油，价格运动走走停停正常得很。当价格向前推进受阻时，并非每次都是马上后退，有时它会暂时停下来，形成窄幅上落、不进不退的情况。所以说，除了前进与后退之外，价格发展暂时停滞不前也是一种常态，只不过大家平常过于关心价格升跌而不自觉忽略了它而已。当然，这里所说的"停"绝对不是价格变化完全停止的意思，而是指一种趋势的稍停和收敛的图表态势。此外，竭止性组合所表现出来的"停"，不能简单理解成原趋势已经结束，好比坐公共汽车，中途停车不等于到了总站，虽然价格先停后转势的情况偶然也会发生，很正常，但不会多，毕竟总站只有一个。

总之，竭止性组合只是暗示价格发展有暂停迹象而已，若想判断这种趋势的暂停究竟是中途站还是总站，一方面要看竭止性组合所处的空间位置以及所处的时间段，一方面要看总体市况有没有什么变化，需要综合细致的分析，或者是需要出现新的变数才可做出测判。

在实战中，当出现竭止性组合的图形时，原则上不主张有太多市场动作，尤其不宜继续"追涨杀跌"。策略上，在图表上未有转势信号出现之前，我们还是先把它当作球赛中裁判的暂停手势比较稳妥。对于价格的窄幅牛皮上落，最好是静观其变，耐心等待新的图表信号出现后再做决定。如果手头有交易单，可以继续持有，也可以考虑先行平仓离场。

七、内敛与外扩

除了反映"进、退、停"情况的三种组合之外，还有两种很经典的组合，一种是内敛组合（见图 3-8、图 3-9），一种是外扩组合（见图 3-10、图 3-11）。

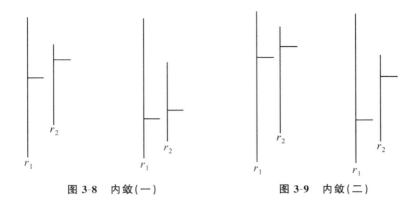

图 3-8　内敛（一）　　　　　　图 3-9　内敛（二）

严格来说，内敛组合也属于停的概念，右线是既不突前也不突后，即高低位两头收缩。

在内敛组合中，除个别情况右线收市仍有指向性之外，右线的收盘价落在什么位置已经不重要了，尤其相对于左线明显缩短的右线，其指向性基本上是自动消失。由于内敛组合中右线失去指向性，因而它的技术含义和竭止性组合差不多，也属走势止步暂停的意思。根据经验，在一段行情中，如果第一次出现内敛，一般情况下只是中途站，趋势多数未改。若是第二次出现，情况就难说了，交易俗语有云："一次内敛势还在，二次内敛势难再。"如果是第三次出现，那更加不好说，因为后市接下来出现逆转的可能性无疑已经急剧增大了。由此可见，内敛所处的图表具体位置很重要，当它出现在行情的尾段时，已在不经意间摇身变成一个随时可能转向的特殊组合了。当然，这只是经验之谈而已。

与内敛组合两头收缩刚好相反，外扩组合是两头扩张。如图 3-10、图 3-11 所示，r_2 比 r_1 长，即 r_2 包容了 r_1，这种形态称为外扩型组合。

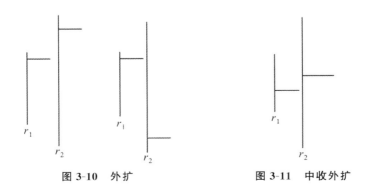

图 3-10　外扩　　　　　　图 3-11　中收外扩

凡市况出现外扩组合,表示当日买卖双方争持十分激烈,价格震荡反复,走势极不稳定;尤其那种突前破后的全包型外扩,杀伤力很大,是普通短线交易者最不愿碰到的日线形态。在分析外扩组合是否蕴含机会时,关键要看收盘价,因为越是多空拼杀激烈的市道,收盘价越有预测价值,金融市场的胜负手和战争相似,即负方兵败如山倒,胜方是得势不饶人,所以,此时收盘价在右线中的落点与平时相比,显得特别重要。当然,中收除外,按"收市定输赢"的思路,既然当天把昨日高低价都破掉之后仍然出中收(见图 3-11),说明多空双方均暂时未能有效压制住对方,如是者,表示后市不明朗兼变数大,交易须谨慎。最后需要提醒的是:很多时候,外扩往往是市场发生变盘的先兆,对此投资者切不可大意。

八、琴键形组合

双线组合形态中还有这样一种稍微特殊的组合,即双线 r_2 与 r_1 有一端位基本相同,没有向前突进,而收市是掉转枪头向后反击(见图 3-12),形态上和钢琴键相似,因而这种组合称为琴键形组合。

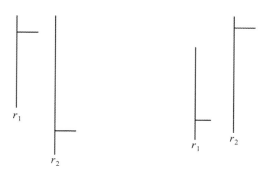

图 3-12　琴键形组合

单从图上看,r_2 不再顺着 r_1 的线头方向走,它要造反,要掉头反击,有人曾经把这种情况称为"键形反转"。事实上,反转与否还须看其所处的图形位置,一般情况下,它只是具有一定逆转概率而已,但假如出现在一段行情的后期,倒是可以把这种键形组合当作反转暗示图形来看待。

按图表技术含义来划分,键形反转有两种主要类型,一种是普通反转型,另一种是加强反转型（见图 3-13）。加强反转型的形态是，左线 r_1 本身线头指向就已经与原势相逆，现在右线 r_2 再来一次相逆，很明显，右线支持和强化了左线的反转含义。我们可以这样理解，当左线出现反转倾向时，市场对走势就此转向尚未认同，或是对价格进攻就此结束不甘心，因此次日继续进攻却再次受阻回头，结果形成两条日线欲反同心的现象。由于这种加强反转型的琴键形组合反映和增强了市场欲求反转的心态和信心，所以是一种确切性较高、值得信赖的反转形态。

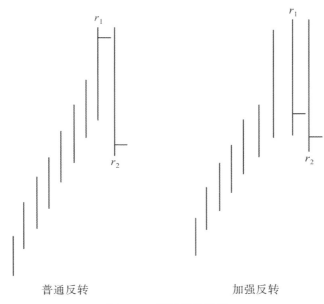

普通反转　　　　　　　　加强反转

图 3-13　键形反转类型

九、三日线组合

综上所述，足以表明双线解读可以称得上是图表分析的第二个基本功。也许有人对这样的解读信心不足，觉得两条日线毕竟是过去式，虽然会表现出一定的价格倾向，但所反映的只是一种价格的即时走势，若以此作为入市操作的依据未免过于简单和短视。我们说，除非是抱着追求完美的心态看问题，否则不应该对双线解读没有信心，要知道，面对复杂多变的事物，有时短视有短视的好,简单有简单的妙。我们认为,所有对单日线和双日线的解读,应被视为是对当下市况变化的一种分析手段,属于一个分析员或交易员需要了解和学习的、有一定实用价值的知识,并不是什么交易撒手锏。简单来说,金融图表分析技术无非就是一种分析价格升跌概率的技术,故谈不上短视还是远视,有实战意义就好。

或许有人会提出,既然双日线组合能够在一定程度上反映价格倾向,那么如果多增加一两条日线会不会更好?那么不妨探讨一下。

在 K 线图表中任意截取相邻的三条日 K 线,它就是一个三线组合。有心人如果尝试在图表上大量截取的话,相信很容易就会发现,多增加一条日线似乎意义并不大,这些随意截取出来的三线组合绝大部分其实没什么用,其中有些是变相的二线组合,有些是二线组合的扩展而已,不仅不能增强信心,反而容易打乱思维。真正有一些技术参考价值的是那些能够加强反转倾向的三线组合。

能够加强反转倾向的三线组合可称为逆转型三线组合,在这种组合中,右线一举反破左线和中线线尾并且得到收市确认;换个说法,即当日不仅否定了前日和昨日的进攻方向,而且展示出不俗的反击力度,如此可大致上预判,明日价格大概率会沿着当日反击方向走。

总之,日线组合不是越多越好,线一多,就不好叫日线解读了,应该叫日线形态分析。和日线组合解读相比,形态分析更深入、更广泛也更复杂,此处按下不表,容后细述。

第四章 价格趋势之发展模式

一、常见发展模式

我们知道,金融市场同时存在大量投资和投机的机会,因此市场中既有立心于做长线投资的人,也有热衷于做短线交易的人,两者在技术分析时自然视角和兴趣多有不同,就是说,图表分析本身也有宏观与微观之分。基于这一点,我们在探讨具体的图表分析技术之前,有必要从宏观角度出发,对价格运动做一些研究。

首先要谈的是价格发展模式的问题。

有一定交易实践体验的投资者,有时会产生一个疑问:价格发展到底有没有什么模式?面对价格变化的飘忽无常,价格形态的五花八门,人们的答案难免偏向于否定。但实际上,价格是存在发展模式的,如果价格发展不存在任何模式,那现在大部分的图表分析技术都将变得底气不足,其分析结论自然也不值得被信赖。我们认为,价格发展过程中,模式是有的,而且不止一两个,只不过肯定不是固定不变的模式。迄今为止我们只看到波浪理论提出过五进三退的八浪发展模式和江恩理论所提出的周期发展模式,但大量事实证明,它们都不是价格发展的固定模式。由于影响价格变化的因素太复杂,价格运行多变易变,怎么可能像机械运动那样有固定的模式。不过,价格的发展虽然不存在固定模式,但普遍模式、相对模式或者常见模式总该是有的。那么,价格发展的常见模式是什么?根据我们的研究,价格发展最常见的模式主要有四种:第一种是分段推进模式,第二种是区域递进模式,第三种是通道推进模式,第四种是混合发展模式。

二、分段推进模式

分段推进模式作为最基本或最常见的价格发展模式,一直是价格发展过程中的最大主角,因而始终是投资者重点关注和重点分析的对象。图表分析中的大部分技术都是针对它而来,事关趋势,不容轻忽。

什么叫分段推进? 这里的"段"是指价格行程,分段推进就是价格沿着同一方向一段接一段地往前推进(见图 4-1)。一个单独的推进段是指价格在出现调整之前所走的一段行程。假如在电脑上将分析对象的日线图的密度加大,你会发现在最低价和最高价之间存在很大的价格落差,同时也会看到,价格从最低走到最高,或从最高走到最低并不是一步到位的,其间分成好几个阶段。这种分步到位的形式就叫"分段推进",也叫"分段进攻"。

分段推进最简单的理解是价格往前走一步,后退半步,再走一步,再退半步,以进多退少的形式向前发展。我们把往前的这一步称为顺势"推进段",把退后的半步称为回调"反击节",这一段一节构成了一次局部的进攻。在 K 线图表上,我们分别在一次局部进攻行情的最高价位与最低价位做一条水平线,连接这两条水平线的垂直线段反映了价格在该段行程中实际升了多少或实际跌了多少,这条段垂线就是我们所说的推进段。用相同方法也可得到一条节垂线,这条节垂线就是我们说的反击节,它同样量化反映了价格回调的大小深浅。

一个较大的趋势行情经常是由若干个推进段连接而成的,无论哪一种商品,哪一种时间周期的 K 线图表,这种情况都非常普遍。显然,价格趋势越大、时间跨度越大,其所包含的推进段必然越多。

推进段所推进的方向和长期趋势的发展方向是相一致的。假如长期趋势向上,每个推进段的方向也向上,这期间凡是向下推进的价格行程不叫段,叫节;同样,假如长期趋势向下,那只有下行的价格行程才能称作推进段。可能有人会问:"既然如此,那事前如何分辨哪一个方向是长期趋势呢?"的确,事前分辨哪一个方向是长期趋势不是一般的难,无论你运用基本因素分析还是图表技术分析,都不容易做到。我们对此的观点是,既然难以分辨,那就不分辨,只根据现时表现出来的趋势做暂时假设就好了。如图 4-1 所示,当第一个新的推进段走出来后,不妨先假设它就是一个长期趋势,反正如果错了,到时候再根据事实重新假设就是了。

　　长期趋势行情中的推进段总是有长有短,时间跨度则有大有小。推进段的长度反映趋势强度和进攻力度,它与推进力度之间是正比关系;时间跨度也能够反映推进力度,不过两者之间是反比关系。因此,在分析推进段的时候,长度要看,时跨要看,还有一个就是速度也要看,因为速度是力度的一种外在表现。另外,推进段的进攻夹角也可以从另一个角度反映攻防力度,在推进段的起点与终点之间所做的连线叫段连线,段连线与水平线之间的夹角即进攻夹角(见图 4-1),进攻夹角越大,说明价格推进速度越快、力度越大。

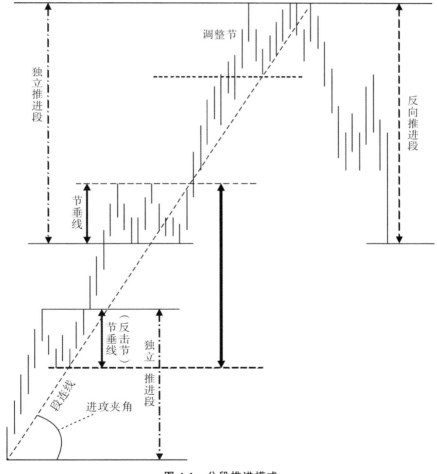

图 4-1　分段推进模式

推进段之间的连接方式不是头尾相连,两个推进段之间会有部分重叠。依前所述,这个重叠部分就是回调反击节。之所以简称反击节,皆因我们认为,以攻防的角度更能形象反映多空双方的局部对抗;要知道,价格回调有时是短暂而乏力的,有时却是来势汹汹的,如果仅用"回调"二字似乎显得太温柔了一点。

三、区域递进模式

区域递进模式是价格发展中仅次于分段推进模式的常见模式。

什么是区域递进?回答这个问题之前,我们先来说一下"棋盘猜想"。如果用虚线对大量分时图进行打格,很容易发现有不少图表竟然与黑白相间的国际象棋棋盘局部形状相似(见图 4-2)。在这些图表中,K 线密集的地方就像棋盘中的黑格,而 K 线稀少的地方则像棋盘中的白格。我们发现,这种情况并非偶然,因此我们猜想:黑格的移动和变换应该也是价格发展的一个常见模式。若价格在某个区域内反复上落,便会形成"黑格"。

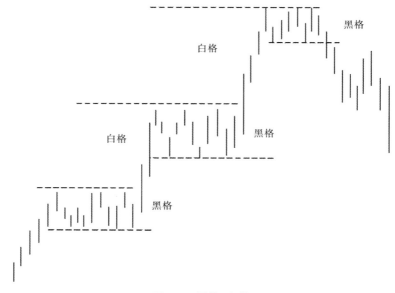

图 4-2　黑格、白格

黑白格表现有两种形态。第一,当价格突破黑格区域后,经常又会重入区域的上方或下方而产生一个新的黑格,形成黑格叠加的形态,如图 4-3 黑区部分。第二,价格离开黑格后直接越过一个白格之后才产生新的黑格,形成黑白格梅花间竹的形态。这两种价格移动形态,均是我们所说的"区域递进"。

市场中,买方和卖方有时对后市看法存在严重分歧,或者是双方大资金之间互相比拼,会造成在某一区域内出现来回拉锯的情况;随着时间推移形成大的黑格。有时买卖双方力量处于均衡状态,又或者是双方都实行只守不攻的策略,接受妥协、折中和平衡,亦会造成价格窄幅争持,形成一个较小的黑格。习惯上,我们把上下幅度较大的黑格称为黑区。如图 4-3 右上角部分所示,上下幅度不大的仍然叫黑格。

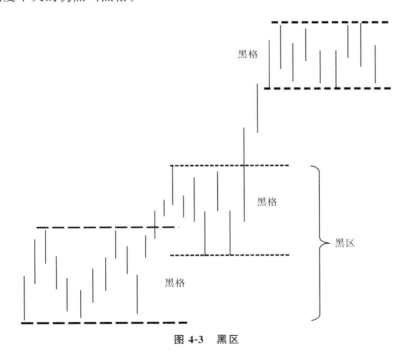

图 4-3 黑区

黑区的广义称谓叫矩形争持区。在矩形争持区区顶和区底分别做水平线,这两条平行线上的拐点不必多,只要有一定的时间跨度,上下各有两个以上就可以认定。矩形争持区根据两条平行线上拐点的多寡可分为普通型和密集型两种,前者多见,后者少见。有人认为,矩形是一种整理形态,这种定义等于把矩形当作趋势行情的中途站。我们认为,这种看法对交易者有害无益;站在图表分析的角度上看,在价格最终破区而去之前,它本身基本没有方向感可言。理论上,如果矩形争持区发生在趋势行情的中期,再续原势的概率确实稍大一些;如果矩形争持区发生在趋势行情的后期,则很有可能演变成转势,如图 4-4 右上部分所示。不过,中期后期谁又能预先说清楚呢?所以,与其费力预测,不如静观其变更实际。

无论黑区还是黑格,迟早会被突破,值得投资者重点关注的是密集型黑区和密集型黑格。为什么这样说?因为这些黑区黑格的边缘外往往埋伏着许多止损盘(止损),黑格被突破之后,这些止损盘全部成了火上浇油、落井下石的"助攻者"。另外,许多场外窥视待机的"旁观者"会立刻入市追势,部分在黑格内做错了方向的人也会加入进来转做"反手"。这种突破后的冲击有时还会形成"井喷"或"落井"式行情,所谓白区就是这样来的,如图 4-4 右侧所示。所以,密集型黑区黑格突破后爆发的能量不容忽视,这点务必要有充分的认识。

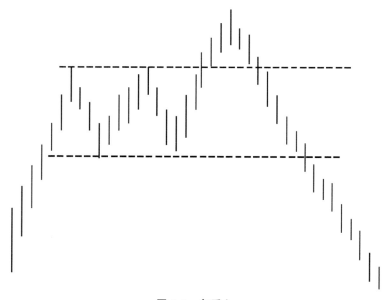

图 4-4　急重入

关于黑区黑格,还有一个交易者需要特别注意的问题,就是价格重入。所谓重入,指价格刚刚脱离黑格约束又马上重新入格。这种该走不走、不进反退的现象摆明不合常理,但在外汇和期货市场这种事情却时有发生。最容易让短线交易者担忧甚至感到恐慌的是"急重入"(见图 4-4)。急重入不仅是重新进来这么简单,往往是直接反向突破,一旦出现这种先假破、后反破的情况,其杀伤力更超正常突破。俗话说"事出反常必为妖",我们认为,这种事情多数是接盘银行和大资金搞的鬼,无非是要把黑区黑格上下两边的止损盘一网打尽,多空通"吃"。所以,若要因黑格突破而入市追势,一定要定好防备策略,一旦遇上急重入,宜果断止损离场,切勿拖泥带水,心存侥幸。

四、通道推进模式

价格发展还有一种常见模式是别具个性的斜通道推进模式(见图 4-5)。斜通道推进模式与分段推进模式有相似之处,即都是走一步退半步,不同之处在于前者是每一步的大小接近一致,而后者则有时大步有时小步,毫无规则。斜通道和黑区黑格也有相似之处,斜通道上拐点连线和下拐点连线基本平行,两条平行线与水平线之间有一个基本相同的夹角,而黑区黑格两条平行线本身基本上是水平的,夹角较微小,几乎可不计。还有一点不同的是斜通道要求上下连线至少各有三个拐点,如图 4-5 中 1、2、3 点连线与一、二、三点连线,以及 a、b、c 点连线与 A、B、C 点连线,而黑区黑格上下各有两个就可认定。

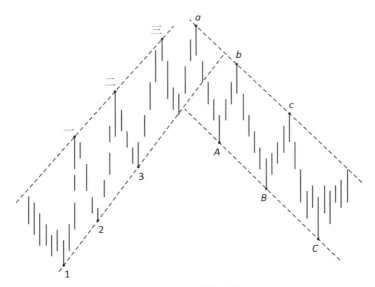

图 4-5 斜通道推进模式

斜通道有一个颇为个性化的特点,就是它一旦形成就不会轻易改变,不论是上升通道还是下降通道,形成之后短期内价格往往会继续沿着通道向前推进。斜通道的这种相对稳定的特性尤令短线高手喜欢,当这些人在实行短线高沽低渣时,也许旁人会觉得他们入市大胆、出市果断,实际上只是因为他们熟悉斜通道特性。

斜通道作为一个变了形的矩形密集区,它在运行的过程中也明显带有能量积聚的意味。过去有不少人认为,斜通道是一种反向的能量积聚,也有不少人认为它是一种正向的能量积累。事实上,斜通道本身不存在方向暗示,在它结束时出现突然加速和急速掉头的概率相差并不大,通过大量验图发现,斜通道的后续变化主要有三种:(1)加速或者变向急回;(2)温柔而平淡地变化;(3)向黑格转化。所以我们认为,与其费心去预测通道的突破方向,不如想想突破后的应对方法。

正常情况下,斜通道的时间跨度和实际移动空间相对有限,与分段推进及区域递进模式相比较差一些。不过,冲着它独具一格的、给人印象深刻的价格推进方式,称它为第三种常见模式似乎并不为过。

五、混合发展模式

所谓混合发展,是指某个商品价格在趋势的发展过程中,同时存在分段推进和区域递进两种发展模式。虽然分段推进和区域递进是价格发展最普遍、最常见的方式,但真要算起来,在长期趋势中,从头到尾单纯以一种模式来独立完成的不多,倒是段区混合发展的情况似乎更为普遍一些。有时甚至在同一个趋势(大多是那些较长期的大趋势)当中,分段推进、区域递进、斜通道模式都会出现;反正它们既然都是基本模式,那么在价格长期发展过程中彼此混合也很正常。越是长期的趋势,这种交替转换的情况越加明显,也许这正是人们在寻找价格发展模式时容易产生混乱感的主要原因。但有一点,不管怎么混合,分段推进模式始终担当主角,区域递进模式屈居配角,而斜通道模式只能算是临时角色或补充角色。

段区混合说明一件事情,既然价格在发展过程中存在推进模式交替转换的情况,那么,投资者也应该养成根据市场变化随时调整分析思路和操作策略的良好习惯。在具体分析和实际操作中,当一个推进段或争持区走完之后,不要主观认定接下来将是一个新的段或新的区,因为到底是段是区是由市场决定的,最终要在事实出来后才知道。段接段、区接区是一种标准的推进模式,但可惜实际的市场偏偏不太喜欢"标准"。

到此为止,关于价格发展模式,我们可以有一个初步的结论了,那就是:商品的价格发展存在常见模式,其中以分段推进为主,区域递进为次,通道拓展辅之,而长期趋势则是以段格混合拓展模式最为常见。欧元对美元汇率的日线图(见图 4-6),三种价格运动模式都在其中。

图 4-6 欧元对美元汇率日线图

第五章　价格趋势之回调分析

一、趋势调整理念

　　价格每次夹势向前推进一段行程,总要回头做一次趋势调整,这是关于价格运动一个众所周知的规律。在长期趋势或主流趋势没有改变之前,价格调整的市场含义是消化、巩固成果以及积聚新的进攻能量。每一个独立的价格冲刺及随后的调整,有点像冷兵器时代攻城略地的军队,每攻占一个地方都要回军营休整和后勤补充,适当巩固占领之地后才去攻占新的目标。

　　价格的前进与后退是一个对立统一的矛盾,价格发展的过程实质上就是价格进退矛盾发展的过程。价格回调整理是市场的一种客观存在,价格进退之间包含了许多风险和机会;凡是参与金融交易的人,不应只对价格趋势进展感兴趣而对趋势回调整理漠不关心。在价格市场上,如果我们想做一个成熟、理智的交易者,就必须既要懂得价格如何发展推进,也要懂得价格如何回调整理才行。简单说一句,价格调整和趋势一样,值得我们花时间去研究探讨。

　　既然知道价格在趋势的带动下往前推进的过程中,总会不断出现价格往回走的情况,那么到底是什么原因导致价格回调整理? 这个问题恐怕谁也说不清,因为可能的因素太多。不过,如果排除人为操作因素和突发事件,多数时候,原因倒不太复杂。以价格上行为例,假设某个商品市场有甲、乙、丙、丁四个交易者,甲代表多方主力,现在他带头把价格从 a 拉升到 b 之后,可能是累了,也可能是收到不利信息,反正他暂时歇脚,停止拉升了,价格一时失去拉升动力;乙是甲的跟风者,账面上有些利润,为了避免得而复失,他决定获利平仓,价格因此出现倒退;丙则代表时刻不忘反攻的空方主力,此时自然趁机出来打压;丁见状立刻紧跟,充当丙的跟风者角色。于是,价格由 b 回调到了 c (见图 5-1)。当然,这只是从攻防角度所做的一个简单比喻而已。

对一般的价格调整,长线投资者通常不会太关注,但中短线投资者就不同了,尤其是从事期货交易的人,平常重点看的是分时图,日线和周线图出现的回调,放到分时图里面说不定也是一段可观的趋势行情。价格趋势的回调整理,对追势者来说是一次跟风介入的机会,对逆势致亏者来说是一次平仓止损的机会。时间方面,价格回调有时结束得很快,有时则会耗上不少时间;另外,价格回调有时候会演变成一些有可能改变趋势的待变形态,比如矩形或对称三角形等形态,若不熟悉或不善分析,说不定已经转势了你还蒙在鼓里。总而言之,价格趋势的回调整理是市场客观存在的东西,值得投资者重视和深入了解,对它的研究和对趋势的研究一样,都是为了在实际交易操作中增加自由度和胜算。

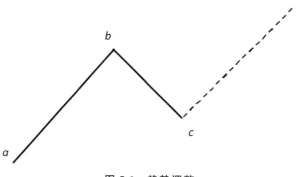

图 5-1 趋势调整

二、价格回调类别

价格的回调整理有多种表现形式,我们可以从强弱的角度把它分为两种基本形态:一种是弱态回调整理,一种是强态回调整理。过去,人们对回调整理强弱的区分是以收复量来定的。收复量可以这样来理解:甲攻占了乙一百平方公里领土,乙把它全部夺回来,这叫全收复;如果夺回一半,这叫半收复。据此,有人指出,价格回调收复少于一半,就算是弱态调整;若大于一半,则算是强态调整。另外,还有人按黄金分割线来划分,价格收复 0.382 称为弱,收复 0.618 称为强。不过,我们认为,单纯按收复量来分是粗糙和不合理的,因

为时间因素不应该被忽视。试想一下,若收复失地达到六七成以上,幅度不小
了,但假如很快又再次失陷,这样还算不算是强态调整? 所以,光看收复幅度
不够,还得把时间算进去。有鉴于此,我们同时根据收幅的大小和时间跨度的
大小来区分它们;归纳起来,有以下几种类别(见图 5-2)。

(a)收幅小,时间短。

(b)收幅大,时间短。

(c)收幅小,时间长。

(d)收幅大,时间长。

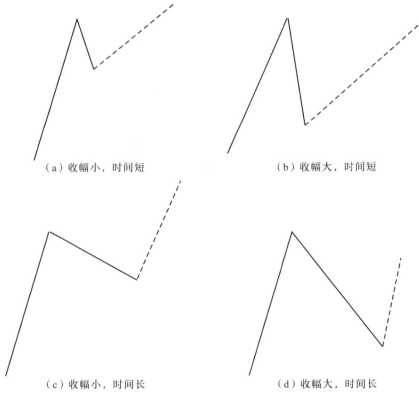

图 5-2　价格回调类别

以上四种类型,前三种属于弱态调整,第四种才属于强态调整。不管是哪
一种回调形式,事前当然是无法预测的,唯有事实出来之后才能定性。我们只
需知道,价格趋势有大小、快慢和强弱之分,价格调整也有大小、快慢和强弱
之分。

三、弱态价格回调

按照上文的方法分类,弱态回调整理有三种基本类型,很明显看出,之所以被归为弱态,是因为它们"不成器",要么时跨太小,要么收幅不大。现在我们先来说说第一种形式。收幅小说明走不远,时间短说明结束得快,这样的价格回调,摆明是一种弱态调整。不过有一点,虽然是普通,但它却是图表上出现最多的回调形态;其起因主要由获利平仓盘引起,价格反击的"味道"不大,不会影响趋势的继续发展,因此它是习惯跟风的短线交易者最喜欢的回调形式。再说第二种,这类价格回调由于收幅大,已经不能简单用获利平仓的原因来解释,它多少带有试图反击的意味了,这种价格回调最令短线交易者头疼和痛恨。实战交易中,经常是明明做对了方向却被它吓跑,然后刚刚平仓出来发现价格又重拾原势,令人气结。金融市场上普遍把这种回调形态视为资金大鳄们的一种"震仓"行为。最后再来说说第三种,这类花时不少,却始终无法扩大收幅的回调形态,由于反击始终软弱无力,后市再续原来趋势的可能性很大。当然,不排除有时出现先慢后快、回调加速的情况,不过,这属于小概率事件。

四、强态价格回调

图 5-2 中的图(d),属强态回调。强态回调有较大的收复幅度和时间跨度,这表示除了价格倒退有一定的力度之外,趋势的发展已经暂时被遏制了。站在攻防的角度看,短期内进攻一方无法进一步扩大战果,而反击一方也一时无法扭转趋势,形成一种彼此相互制约、相互试探和积累能量的局面。

强态回调整理的演变形态有多种,最常见的有矩形、三角形和旗形等。这些图形属于大形态整理,概念上,已经不是小打小闹的短期调整了。虽然价格回调整理的形式事前无法知道,但是有经验的短线高手能通过观察价格回调的早期表现做一些测判。一般来说,价格回调初始速度较快,则调整幅度可能会比较大;如果初速度较慢,那么回调的幅度多数有限,不容易形成大型整理形态。假如回调初始行程较大,则要看止步后的表现,如果重拾进攻时气势汹汹,可能是回调一步到位了;如果重拾进攻时速度先快后慢,无力靠近或跨越之前的进攻拐点,则可能此次调整一时半刻结束不了。类似的测判还有很多,此处不多列举了,毕竟都是主观经验主义的东西,仅供参考。

强态回调整理在趋势发展过程中出现的概率比弱态回调整理要小得多,局面却复杂得多。引起复杂局面的原因,简单来说是买卖双方之间的"多空争持"。对于"多空争持",可以用一种类似观看拔河比赛的眼光来看待。由于出发点及观点看法的不同,在多数情况下,买卖双方都会有机构大户的资金参与其中,强弱悬殊时,价格顺利推进发展,强弱均衡时,价格自然就会止步不前。在价格强态调整阶段,那些观点立场不同的大资金仍然是市场多空争持的主角,双方明里暗里斗智斗勇,有时激烈搏杀,有时隐蔽潜伏,作为普通投资者,要学会在适当的时候当个旁观者。

如果弱态回调算作长期趋势发展过程中的中继小站的话,那么强态回调就是一个大站。但必须明白一点,这个大站小站的说法是基于趋势未改变的前提而言的,在调整没有结束之前,强态回调究竟是不是中途大站还不好说,由于强态调整结束之后变成转势的可能性无法排除,说不定是个终点站。所以,凡是不明朗的市况,我们的忠告是多看少动,耐心等待时机。

五、区域价格争持

在价格调整中,最复杂的是矩形区域争持(见图5-3)。因为在矩形区域中,买卖双方力量暂时处于均衡状态,趋势已经暂时消失,价格处于相对稳定期,在价格最终破区而去之前,它本身基本没有什么方向感可言,但作为一种多空争持形态,由于其后续变化有背离原来趋势的可能,已经不宜把它单纯定性为回调整理了。严格来说,矩形应该算是一种稳定且待变的价格形态。

在K线图表中(见图5-3),矩形价格争持区的确立条件是上、下各有两个同一水平线的价格拐点,四个拐点 a、b、c、d 中,a、c 以及 b、d 连线与图表横坐标平行或接近平行,上下两条平行线之间的价格区域就是矩形争持区。本来矩形争持区的起始价和结束价需分别做垂线才算组成完全意义的矩形,不过实际并没有这个必要,只要上下平行线都有两个以上的点,而两点之间有一定的时间跨度,就可以简单认定为矩形争持区。矩形争持区内价格因波动幅

度受到一定制约而表现得相对稳定,谁都知道这个"均衡"和"稳定"都是暂时
和相对的,迟早会改变;不过有一点必须明确,实战中最好不要主观认定矩形
争持区的突破方向会与原趋势一致,虽然一般情况下,价格再续原势的概率稍
大一些,但市场上矩形最后演变成转势的实例并不鲜见。故对矩形争持区后
续变化不宜多做猜测,以免影响自己的客观判断和操作策略。另外,如果矩形
的区间幅度较大,喜欢短线交易的人可以做一些高抛低吸的买卖,条件是止损
措施必须跟上,以免"偷鸡不成蚀把米"。

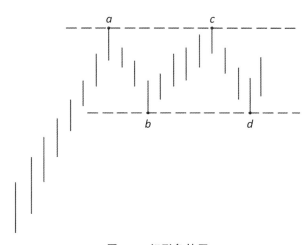

图 5-3　矩形争持区

　　在诸多大小不同的矩形争持区中,最值得我们注意的是 K 线相对密集、
时间跨度较大、上下平行线被触碰较多的矩形争持区,我们把这种争持区称为
黑区(见图 5-4)。黑区形成表明市场有意结束目前价格稳定的现状,为此买
卖双方你来我往地拉锯,争持激烈,往往造成区顶和区底被多次碰触。如果是
外汇和期货市场,随着时间的推移,黑区不仅积累了大量的能量,而且区顶和
区底成了两个敏感的心理关口。这些心理关口后面通常都藏有大量的止损
单,一旦被突破,爆发出来的能量不可小视,绝大多数情况下,这种突破都会带
来一波新的趋势行情。正是因为这样,每一次黑区的突破都无形中为短线投
资者提供了一个很好的市场机会,这就是矩形密集区值得充分重视的原因
所在。

　　话分两头说,虽然黑区的突破对普通投资者来说是难得的市场机会,但并
非完全没有风险,须知金融市场中机会和陷阱是一对孪生兄弟,对这一点必须
要有充分的认识。破区追市所受的风险主要是有时会遇到假突破(见图5-5),

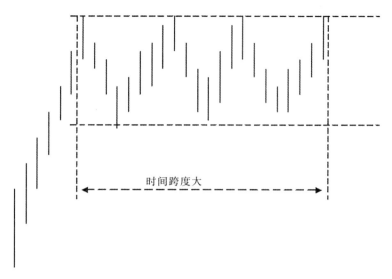

图 5-4 黑区

其中上下皆破的"两头蛇,喇叭口",对跟风者杀伤力尤甚。我们认为,绝大部分假突破都是接盘银行和资金大鳄人为制造出来的。大鳄们凭着资金优势时不时玩一下这种把戏,不但把黑区两边的止损盘全部收入囊中,同时也让跟风者损失惨重。对付假突破的办法是拒绝"急重入",就是说,突破之后适度的破位回抽可以接受,但不能接受价格重新冲入黑区里面来,尤其不能急速进来。所以,稳健的做法是,凡是遇到即破即入的情况,一律视作假突破,先平仓离场再说。

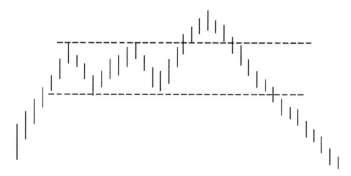

图 5-5 假突破

第六章　价格趋势之逆转分析

一、趋势逆转理念

　　价格趋势在发展过程中存在阶段性和循环性，它不可能朝着一个方向无休止地走下去，到了一定的阶段，或者说到了一定的时候，它总要掉头往回走，可谓兴亡盛衰，自有其律。在商品市场中，不论是投资者还是投机者，不论是大户还是散户，没有多少人是对转势不感兴趣的。价格趋势会不会逆转？什么时候转势？这些都是市场中人时刻关心的问题。

　　所谓转势，就是原方向的趋势已经结束并被一个相反方向的新趋势所取代。价格不论向上还是向下发展，本身就是有进有退的，趋势发展过程中，进攻暂停和回调整理是很平常的事，不要见到价格往回走就当成是转势。当原来的趋势明显受阻且出现结束迹象后，如果没有一个压倒性的反向新趋势出现，就不能算是趋势已经到头，有时即使价格看上去升无可升或跌无可跌，那也只能算是进攻暂时止步而已。所以，是否形成一个与旧趋势相反方向的新趋势才是转势的关键，只有在这个新趋势确实取代了旧趋势时，市场才算真正转了势。有了这样的转势理念，我们在具体分析转势时才会头脑清醒、思路清晰，才会避免错觉，减少误判。

　　在交易市场，普通投资者对于转势的心态是很奇妙的，有爱，有怕，也有恨。实战中，交易做对了方向的人期望趋势继续下去以扩大战果，自然不希望出现转势；但也有很多人期待出现转势，比如那些交易做错了方向又不忍止损认赔的人。交易做错了方向本来很平常，尽快平仓方为正道，可是如果抱着侥幸心理而不肯平仓止损，结果很多时候不但没有起死回生，反而越亏越多。另外,有的人虽然做对了方向,本来很有机会获取丰厚利润,但因为过于担心转势,只赚了一点小利就走了,过后懊悔不已。类似这种操作失误,除了心态和手法的问题外,还有认识方面的原因,很多交易者对"趋势固执转势难"的道理缺乏足够认识,从而过于担心或者轻易相信转势。其实,趋势哪有这么容易反转,因此,交易者在交易不利的时候不宜寄希望于转势,暂时平仓离场,该放手时就放手方为明智之举。

趋势的延续和反转是一对矛盾,在发生概率方面,前者远大于后者。在日常的交易中,即使有时发现转势的迹象,在未得到确认之前,也不能太早下结论,毕竟迹象和事实是两码事,不能混为一谈。

对交易者来说,趋势逆转是一件利益攸关、影响十分直接的敏感事情。可以说,价格市场上不管是哪一种人,肯定都希望自己能够及时发现和准确判断转势,市场中这种人心理和实战的需求,令转势预判和转势确认理所当然成为图表分析的一个需要下力气研究的重要课题。

二、转势形态分类

美国人查理士·道尔曾把趋势分成三种:一种是基本趋势,也叫长期趋势;第二种是次级趋势,次级趋势与基本趋势的移动方向相反,因而也有人把它叫作修正趋势;第三种是短期趋势,这指在时间上很快就结束的行情。按这种分法,似乎转势也应该有基本转势、次级转势和短期转势三种,也就是说,有什么样的趋势就有什么样的转势。实际上,我们并不完全认同道尔的分法。什么是趋势?趋势就是价格的移动趋向。简单来表述,价格有进有退,进大于退,退完再进,进就是趋势;若退大于进,那么退就是趋势。道尔的分法不符合中国人的思维习惯,所以,我们习惯从时间角度把趋势划分为长期趋势、中期趋势和短期趋势,或者站在空间的角度把它分成大趋势、中趋势和小趋势。再换一个分析角度,也可以把它简单直接分为总趋势和局部趋势。长远来看,除非商品的基本因素发生根本改变,否则,基本的、长期的、幅度大的趋势一般不容易发生逆转。分析这种大趋势反转与否,是基本因素分析派的强项,而图表分析的强项是分析局部转势,尤其是在转势初期,局势往往还不是很明朗。所以,面对趋势逆转,我们一律暂时将之视作局部转势。

三、特定转势图形

按照图表技术的观点，不管市场对转势是否定还是确认，都必然会在价格图表上反映出来，能不能做出客观的判断，全在于分析鉴别的方法。有时候我们会因价格往回走而感觉趋势将要逆转，而事实上这种市场感觉很多时候是靠不住的。另外我们发现，无论是股票市场还是外汇、期货市场，相当部分的投资者判断转势都是靠指标信号，其实指标不但时准时不准，而且最糟糕的是它们总是滞后，等到能够确认时，往往因价格已经相去甚远而失去较佳的交易时机。目前，市场上有一种已经被普遍接受的鉴别方法，大体可称之为形态分析法。其中主要分析图形有好几个（见图 6-1）：三角形、矩形（密集区）、双顶或双底、头肩顶或头肩底。当这些图形出现反趋势方向的突破时，就被认为是原趋势已经逆转。

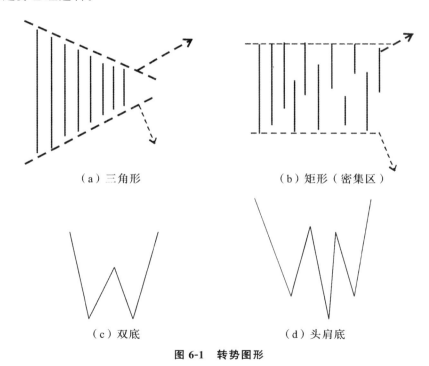

（a）三角形　　　　（b）矩形（密集区）

（c）双底　　　　（d）头肩底

图 6-1　转势图形

不可否认,通过特定图形的突破来鉴别转势的办法自有它的道理和实战价值,不过,由于这种方法只针对几个特定图形,因此存在明显的局限性,一旦换个其他图形就用不上了。另外,它没有涉及诸如转势先兆、转势门槛及转势确认等问题,缺乏对转势的实质性分析,运用者知其然而不知其所以然,只是照本宣科机械执行,效果自然大打折扣。所以,需要进一步研究探讨,务求找到更好的分析鉴别转势的方法。

四、转势先兆分析

无论是什么趋势都不会平白无故地转势,它总是在一定的原因和条件下才会发生。不过,知道这个道理就行了,没必要费时费心去考究,因为市场内外发生的许多事情我们不可能知道,也未必需要去知道。图表技术分析感兴趣的是价格图表中的转势迹象,然后通过观察和分析这些迹象,争取及时发现转势。

转势会有迹象吗?有的,除了一些突发因素引起的转势事前可能毫无迹象之外,多数的转势或多或少有先兆和迹象。下雨之前,天空有大量乌云,这乌云就是天要下雨的先兆。市场如果发生转势,绝大多数时候价格图表上也会出现"乌云",比如双线分析中的逆转组合就是一小片"转势乌云"。如果从转势原理的角度去考虑,转势迹象的内涵应该包含下面几种转势先兆元素。

(1)趋势的价格推进明显放慢甚至停滞不前,具体表现是时跨大、进度慢,此称为转势先兆中的"疲态元素"(见图6-2)。

(2)趋势的回调反击有力度,具体表现是速度快、幅度大,此称为转势先兆中的"反击元素"(见图6-2)。

(3)分时图中的防守价位失守,具体表现是回调价格跨越之前的回调拐点,如图6-3所示中的 A 低于拐点 d,此称为转势先兆中的"失守元素"。

(4)凡是收盘价倒退使两个日线收市指向反转,或者直接反破线尾的情况都属于转势元素,称为转势先兆中的"常规元素",如图6-4、图6-5、图6-6所示。

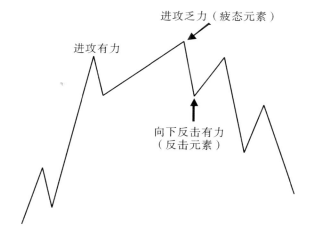

图 6-2 疲态元素、反击元素

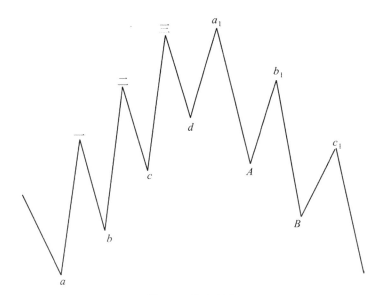

图 6-3 失守元素

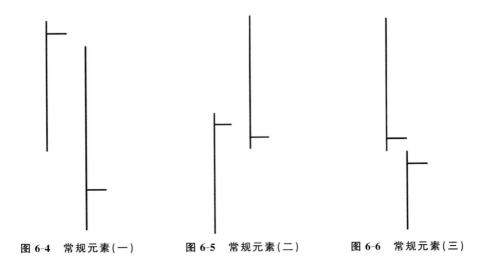

图 6-4 　常规元素（一）　　　图 6-5 　常规元素（二）　　　图 6-6 　常规元素（三）

　　无论是局部转势还是基本转势，在转势之前一般都会出现以上元素，但转势元素和转势是不同的概念。好比天上有乌云不一定就要下雨，只是有可能下雨，图表上的这些转势元素，只是转势的先决条件而非充分条件，可作为分析转势可能性时的参考性依据，不可作为出入市的依据，这点必须明确。

五、趋势反转门槛

　　俗语有云，"船小好掉头"，趋势的反转跟船掉头的道理很相似，小趋势经常可以说反就反，大趋势就不同了，大趋势或较大的趋势一般很少是一下子就反转过来的。大势逆转前，图表上通常会形成一些具有反转倾向的特殊图形和待变形态。因为一来旧趋势在消亡之前要做最后的拼争，二来新趋势也需要收集和积累能量，三来市场对新趋势的认同亦需要一定的时间和过程。在这几种因素的共同作用下，价格常会在你来我往中不自觉形成一些有可能改变趋势的反转待变形态。

　　反转待变形态指价格趋势发生真正逆转前，由多空双方激烈争持而形成的图表形态，这些带有反转倾向的形态一方面反映了正在发生的趋势变化，另一方面又会反过来影响市场心理从而促成这种变化。如果能从这些形态在以往的变化中摸索出一些规律，我们就可以预测或及早发现转势。

　　鉴别转势需要引入"转势门槛"的概念。无论哪一种趋势发展形式，如果要实现转势,须得跨过这个门槛,具体就是价格必须有能力回头击穿某个特定防守价位,如图 6-3 中的 d 点所示,这个价位不能是一般的震荡回调节点而必须是市场关键的"心理关口位"。

我们知道,价格趋势是逐级向前发展的,作为转势门槛的"关键心理关口位",也是逐级向前推进的,如何准确认定转势门槛有一定讲究,具体方法将在介绍峰级分析技术的章节中有专门论述,在此暂且不表。

补充说明一点,这里所认定的转势,是有时间周期限制的。通俗来说,你看的是小时图,它就是小时图意义上的转势,你看的是日线图,它就是日线意义上的转势,不论什么时间周期,以此类推。

六、趋势反转确认

查理士·道尔认为,人为因素只能影响短期趋势,长期的、基本的趋势是很难改变的,认为获取利润要靠长期趋势,这期间中短期的价格变动可以不必理会。道氏的这个观点有他的道理,但也有一个大缺陷,就是它浪费了大量的中短线机会。另外,从道氏的观点出发,既然长期趋势不会改变,自然谁也不知道猴年马月才会发生转势,那岂不是人们对转势的所有考虑都将变得没有多少意义?事实上,除了一些铁了心玩长线的投资者外,市场上没有多少人能够做到对中短期趋势置之不理。所以,作为普通投资者,尤其是短线投资者,不必关心那种长期趋势的转势,如果对转势感兴趣,盯着中短期的转势就够了。

在日内分时图中可以看到,暂时性的、短期的转势经常会发生,简直称得上是家常便饭。短线交易者都知道,当天分时图上的高低价差其实并不少;不言自明,有价差就有机会,就有操作空间。顺着这个思路,我们可以得出这样一个结论:即使能发现短期转势也是很有实战意义的。

如果说,短期趋势说变就变,靠不住,那么其转势当然也一样。说来说去,最后还是想说明一点,就是做短线不是没有机会,而是必须先解决转势确认的问题。理论上,确认转势的那一刻就是入市的最佳时机,同时也是追前势交易者退场避险的最佳时机。

价格在跨越转势门槛后,大致上可以说趋势已经反转,但这只是一般情况,市场上这种跨越成为"虚火"的例外不时出现,徒令转势成了昙花一现,无以为继。这种例外一旦发生,往往是一个颇具杀伤力的"坑",引发原因多数和资金大鳄的暗中操作有关,因此,如何确认转势对普通交易者来说,是一件不容忽视的事情。关于转势确认的问题,在介绍峰级分析时有专门详细论述,此处同样不赘述。

第七章　传统的图表分析技术

一、道氏分析法

　　道氏分析法是最早期,也是最多人认识的分析方法,它是华尔街"金融怪杰"查理士·道尔发明的一种专门针对股票市场的分析方法。现在人们熟知的牛市、熊市等专有名词就是道氏最先提出来的,道氏理论中关于成交量和收市价的理论规则至今证明是经得住时间考验的,但道氏最出名的还是关于趋势的观点。

　　道氏理论认为,价格运动有三种趋势。

　　第一种是基本趋势,这是最主要的趋势。基本趋势是一种长期的发展趋势,如果它向上持续发展就会形成多头市场,如果它持续向下发展就会形成空头市场,1989—2017 年道琼斯工业指数月线图,从 2344.30 点升至 22803.37 点(见图 7-1),这就是一种多头趋势。

　　第二种是次级趋势。次级趋势是和基本趋势方向相反的,因此也被称为修正趋势或调整趋势。

　　第三种是短期趋势。道氏认为,基本趋势和次级趋势都不会被人操纵,只有政府才有可能对其进行有限的调节,而短期趋势则容易受到人为控制,因而不把它当作主要的趋势分析对象。

　　道氏理论认为股市指数反映的是市场信心,它代表了整个市场心态和市场行为。指数的变化原则上不存在有理还是无理的问题,亦不反映投资价值,它只是以数字的形式表达出人们对未来价格发展的乐观情绪和悲观情绪。

　　道氏理论对图表分析理论有很大贡献,但作为一种图表分析方法,它格局

图 7-1　　1989—2017 年道琼斯工业指数月线图

大却缺乏深度和系统性,不够精细,显得过于粗线条;对长线投资肯定有一定的作用,对短线则帮助不大;而对于当今市场来说,某些观点似乎已经过时。另外,道氏理论在应用范围方面有很大的局限性,总体上它比较适合股市而不太适合期货与外汇等其他市场。股票可以认准长期趋势而坚持不懈,而期货和外汇交易是以资金杠杆形式进行交易的,如果只看长期趋势不顾其他的话,风险之大让人难以承受,要知道,莫说次级趋势,即使是短期趋势很多时候杀伤力也是极大的。

二、波浪分析法

波浪理论是继道氏理论之后另一个非常出名的图表分析理论,为艾略特所发明,其后则由柏切特、霍雷斯及罗伯特等人大力推广。

艾略特是一个股票分析大师。他认为,价格波动就像大自然的潮汐和波浪,不但具有周期循环的特点,而且具有相当程度的规律性。于是,他根据自己的观察提出了一套"八浪循环"的波浪分析方法。

波浪被分为推进浪和调整浪两种基本形态:推进浪有五个,用 1、2、3、4、5

表示；调整浪有三个，用 a、b、c 表示，如图 7-2 所示。艾略特认为，一个完整的循环包括五进三退八个浪。一个循环结束后，走势将进入下一个循环。为了使八浪循环的测市方法更趋完善，艾略特还引入黄金分割率和奇异数字组合，结合幅度和时间，对八个浪的不同表现和特性进行分析，定出了两条铁律：第 3 浪不能是 1、3、5 中幅度最小的浪，第 2 浪不能与第 4 浪重叠。

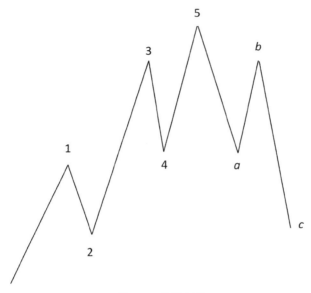

图 7-2　波浪理论

　　波浪理论推出以后曾经引起很大的反响，许多人感到很振奋，觉得它是一种能预测价格未来趋势而又简单易学的有效分析工具。一时之间，到处掀起数浪的热潮。时至今日，波浪理论仍有不小的"江湖地位"。有人猜测，在世界各地的股市中，它可能是应用最多而又最难精通的图表分析理论。

　　实践是检验真理的唯一标准。波浪理论虽然名气很大，但人们还是从大量的市场实践中发现，波浪理论其实存在不少致命的缺陷，主要有以下几点。

　　(1)波浪理论缺乏客观准则。价格运行并非机械运动，市场大部分时候是非理性的，试图为价格发展寻找一种固定的模式，用带有升跌标签的八个浪套在千变万化的金融市场上，这种离开了价格运动本质和基本特性的理论从一开始就已经是先天不足，在市场实践中难免会经常错漏百出。

　　(2)波浪理论对浪的定义其实并不明确。价格市场包括股票市场经常不按五进三退的机械模式运行，波浪理论家却辩解说有些升跌不应该计入浪里面,这未免太主观随意了。

(3)浪与浪之间的连接也缺乏明确定义,莫说一般人,即使同样是波浪理论家,看法也往往不统一,有时甲看是第 1 浪,乙看是第 3 浪;随着时间推移与形态的变化,现在看是第 5 浪,之后看还可以认为是第 3 浪,而且每个浪中又再分为若干个小浪。这样问题就复杂了,要知道"差之毫厘,失之千里",看错的后果可能很严重。

(4)波浪理论有所谓伸展浪,有时五个浪可以伸展成九个浪。但波浪什么时候伸展,什么准则可以伸展? 艾略特没有明言,使数浪变成各人自由发挥的事。

(5)波浪理论中的浪中有浪令人迷糊,波浪无限伸展循环让人困惑,而推测浪顶浪底的运行时间则让人疑惑。

概括来说,波浪理论最大的毛病是主观随意性强和缺乏确切性,对于高风险的股票市场,这些毛病缺陷无疑让人难以接受,商品期货和外汇市场就更不用说了。

三、标签分析法

标签分析法是由市场经验逐步总结而发展起来的一种日线图表分析方法。具体做法:首先为某些特色日线冠名,比如星形线、孕育线、包容线、十字线、舍子线、插入线、反弹线、覆盖线以及大阳大阴线等,并将这些被冠名的日线贴上一个升或跌的标签,然后借助这些特定的日线标签来推断价格的短期变化,即它的分析目标和预测对象主要是下一个交易日的价格行情。

许多人觉得标签分析法容易学还实用,在实战中不用反复分析,只需按照那些贴了升跌标签的冠名日线直接对号入座来出入市,简单而快捷,因而曾一度大受投资新人的欢迎。可惜,这种为日线贴标签的做法虽然简单直接,也不否认它有一定的借鉴和参考价值,但是这种只看现象只讲经验,不看本质不讲原理,也没有概率分析和风险提示,单纯贴个标签了事的做法实在是过于抽象和不严谨,严格来说不能算是独立的图表分析方法。由于其在实战中的预测效果有限,有时难免给人的感觉如同鸡肋,食之无味,弃之可惜。当然,尽管不能对标签分析法期望太高,但它毕竟并非凭空想象出来的方法,而是由以往经验积累所成,故不失为一种朴素的短线分析工具。

最后补充一点,标签法重点针对的是日线。

四、形态分析法

形态分析可能更应该称为图形分析,它是一种专门针对多条 K 线组成的特殊图形进行分析的方法。被作为分析对象的图形大致上有三角形、矩形、菱形、旗形、岛形、楔形、碟形、双顶底形和头肩形等。

一般来说,形态分析与标签分析相比,它对特色图形市场含义的揭示大多清晰明确,因而对长、中、短线的投资者的分析操作均有一定参考作用,尤其是关于三角形和头肩形的分析观点,实践证明有相当的实战价值。另外,形态分析的重点是分析两种重要的价格形态——反转形态和整理形态,欲求通过这种分析准确把握后续的趋势变化脉络。

除此之外,形态分析法还对趋向线和跳空缺口做了细致的研究。趋向线分为上升趋向线,如图 7-3 中的 1、2、3 连线所示,下降趋向线如图 7-3 中 A、B、C 连线所示。趋向线的市场含义是当价格向某个固定方向移动时,价格很有可能沿着这条线继续移动,在移动的过程中,价格的波动始终受到该线的约束直至它被有效突破为止。对于跳空缺口,如图 7-4 所示,则根据其发生的具体时间和空间部位划分为一般性缺口、突破性缺口、持续性缺口与消耗性缺口四种。这四种缺口的市场含义各不相同,其中突破性缺口和持续性缺口的分析意义较大。前者表示强力突破,可作为入市良机;后者则通常被视作趋势行情的中段才出现的缺口,故有些人喜欢用价格行程量度升跌幅。至于缺口回补的问题,正常情况下,一般性缺口和消耗性缺口大多会补缺,而突破性和持续性缺口基本不会补缺。

尽管形态分析有不少可取之处,但它仍然属于粗线条的分析方法,作为一种形态分析技术,它不完整,缺乏系统性,而且同样没有摆脱"以形定性、预贴标签"的形而上学思路,对后市的预测和标签分析一样明显带有经验主义的色彩。比如,那些所谓持续性缺口在一段行情中有几个,哪个将会是消耗性缺口,这些都只有事后才知道,故这种分析只有教育意义,实战意义不大。

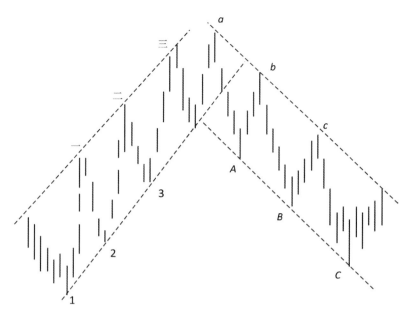

图 7-3　斜通道推进模式

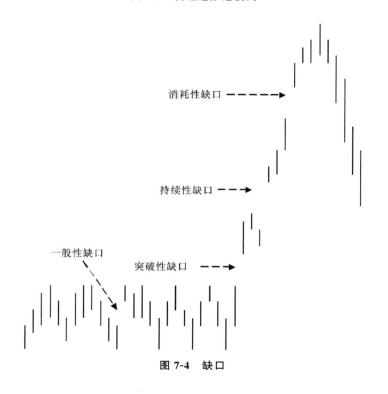

图 7-4　缺口

五、指标分析法

早期的技术分析主要是形态分析，通过对不同图表形态的分析来推测价格的未来趋势，寻找买卖切入点。有些人认为，这些分析方法未能充分理解图形真实的市场含义和内在成因，只重视它们的演变结果，所做出的预测受个人主观意识影响太大，给人的感觉是过于艺术化。于是，这些人希望找到一些能够进行量性分析的、看上去科学一点的分析方法。在数学专才的努力研究下，他们建立了各种各样的公式，之后，很多软件积极引进，技术指标就逐步流行了起来。用这些通过数据和公式计算出来的技术指标对市况进行分析的方法就叫指标分析法。

市面上流行的技术指标在分析软件里有几十甚至上百种，大致可分为三大类：一是能量类指标，二是动力类指标，三是均线类指标。这些指标可以单独运用，也可以综合运用。由于它们给人一种自成一体、有板有眼和看上去较科学的印象，故在市场上比较受欢迎。尤其是中国股票市场，许多人对指标分析情有独钟，长期乐此不疲。有些人甚至钻进去，希望摸索出一些运用指标的窍门来。他们也许不知道，所有发明这些指标的人，没有一个是感到自我满意的。实际上，运用指标（尤其是其中的均线系统）去分析大势效果还勉勉强强，但用来指导入市和出市效果就不如人意了。道理何在？原来，每一种指标至少都有一两个难以克服的缺陷，其中最典型的是"滞后"和"背驰"。"滞后"是主图上以均线为代表的各种指标的通病，"背驰"则是各种副图指标的缺陷。最难办的是这种缺陷和通病是先天性的，因为凡指标都需要相应的、连续的统计数据来进行计算，想快也快不了，等到指标发出买入、卖出信号时，往往已经慢了半拍，就像马车厢注定比拉车的马慢半拍一样。不要以为只要方向判断正确，慢一点只是小问题，要知道，在实际操作中，很多时候往往是"先一步就当爷，后一步就当孙"。"背驰"则更甚，以 RSI 指标为例，这个指标是随价格升跌而上下移动的：指标到了 80 附近表示升势将尽，价格要往下走了；而到了 20 附近则表示跌势将尽，价格要往上走了。这本来是一个非常适合低买高卖的参考指标，可是它时不时来个"背驰"，发生背驰时，指标处在高位钝化不再上升，价格还拼命往上升；或者是指标到了低位钝化不再跌，价格依然跌势不止。对这种时灵时不灵的指标，你信还是不信好？所以说,"滞后"和"背驰"这两个难以克服的缺陷是影响指标分析实用性的罪魁祸首。

需要指出的是,为什么市场上会有那么多人在努力学习指标分析呢？原因不外乎两个:一是没有更好的方法,二是指标看上去很科学。其实,图表分析也许需要一点科学精神和艺术细胞,但图表分析肯定既不是科学,也不是人们通常理解的艺术。在充满人为因素和客观突变因素的价格市场,根本不可能存在什么科学的分析方法,不懂得这个道理,必然会使你的研究走入思维的误区。

六、江恩分析法

江恩理论是美国著名投资家威廉姆·江恩本人多年市场投资的方法总结,其用于技术分析的部分主要是周期循环、几何角度线及江恩线。据说,江恩的分析方法来自圣经中哲理的启发。他和波浪理论创始人艾略特一样相信市场的价格运动符合自然法则,而且,都试图用严谨的数学方法来解开价格运动之谜。

应该说,江恩技术分析方法比较有价值的内涵是自始至终重视价格和时间的结合。这对当时市场投资者普遍只重视价位而忽视时间作用的现实状况而言是一个重要的启示,这是它独有的特点。

在江恩看来,只要会画六角形图、四方形图、圆形图及江恩线就可大概把握市场价格运动的轨迹,就能预测价格运行变化,这显然是错误的。江恩分析法和波浪分析法有一点是相同的,最大的失策是忽视了市场价格变化的人为因素。事实上,价格运动是非机械的,用数学方法测量由人的主观意识决策的结果,不仅难度大,而且缺乏确切性,这就是用江恩分析方法测市效果不佳的原因所在。

江恩分析法其实是一种披着神秘面纱却没有多少实际分析价值的分析方法,这种在西方市场早已经被绝大多数分析人士抛弃的方法,在国内股票市场却找到了落脚点。原因无他,不外是某些"高人"需要用它来忽悠普通投资者以达到自我标榜的目的罢了。

虽然江恩分析法有故弄玄虚之嫌,但是江恩本人对投资者提出的一些忠告却确有实际参考价值,其中主要有八点:①尽量参与活跃市场;②要顺势买卖;③每次买入卖出要有充足理由;④一定要懂止损;⑤不要频繁买卖;⑥只使用闲散资金投资;⑦只能在盈利时加码;⑧从挫折中学习。

七、峰级分析法

尺有所短,寸有所长,关于上述六种技术分析方法之简介,只是作者一家之言,浅论而已。平心而言,目前市面上的多种技术分析方法尽管存在这样那样的一些不足和缺点,但无论是对市况的判断还是对后市走势的预测,能够在不同程度上发挥作用;它们至今仍为许多人继续运用,自有其存在之理。除了这六种之外,还有一些小有名气,最后却没有被市场普遍接受的分析方法,如市场轮廓(四度空间)、循环周期和钟形图分析等,由于不怎么流行,此处就不做介绍和评说了。不管怎么说,人类和社会都要进步,人们对更新更好的分析方法的不断追求是必然的,探索的脚步不会停止。

话说回来,探索也好研究也好,指望找到一种完美无缺的图表分析方法不现实,也不可能,我们只能希望找到一种相对比较好的分析方法,现时有这种方法吗? 有的,峰级分析法就是。

解释峰级分析法,先要解释"峰级"二字。每一张金融图表看上去都不相同,这是其个性所在,但它们也存在共性——从所有这些图表上都可以看到,价格发展的每一次起伏,都会产生一个最高价和最低价,这就是其共性所在。为研究方便,我们把这两个处于局部之端的价位分别称为"峰"和"级"。"峰"体现价格进攻,"级"反映趋势回调,"峰""级"称谓不固定。当价格趋势向上走时,上面那个就是峰,下面那个就是级;如果价格趋势是向下走,那就反过来,即下为峰,上为级。

大道至简,峰级分析是把图表上的那些峰和级作为两大分析元素提取出来,用作价格行情的分析和预判。每一张图表都有多个峰和多个级,对这些峰级进行分析,容易得出较为确切的结论,因此颇具实战意义。这种全新的图表分析方法简单直观,贴近实战而又简明易学;此外还有一个优点,它几乎适用于所有周期的价格图表,无论分时图、日线图还是周线图都可以用。

关于峰级分析的有关细节和具体方法,后面的章节会有详细论述。

第八章　短线交易的基本认知

一、短线理念

　　曾经有人这样界定投资和投机的区别：做长线的是投资，做短线的是投机。单纯从金融交易的角度看，这种界定有它的道理。不过，现在人们已经不在乎什么投机不投机的了，只要不违反游戏规则、不违法，投什么都可以。一般而言，你想获取长远的新的利益，可以选择投资；你想见效快赚差价，你可以选择投机。

　　在国内的金融市场，商品期货和外汇交易等投资品种，国家还没有完全开放，大部分人在金融方面的投资都集中在股市上，而中国股市实行的是 T＋1 的交易制度，出发点是要防止过度投机。目前，股市最短线的做法是今日买入，明日卖出；但在期货和外汇交易者眼中，这种做法只能勉强算是短线而已，真正的短线交易只有在 T＋0 的交易制度下才会出现，在这种即日结算制度下，上一分钟买，下一分钟卖都可以。所以，期货和外汇市场才是短线交易者施展身手的活跃场所。

　　随着改革开放的深入，国家期货买卖和外汇交易已经逐步解禁；现在，活跃在金融市场上的短线投资者越来越多了。能够快进快出快赚钱固然好，但要做好可不容易。短线交易对交易者自身的要求和长线投资相比要高得多：要懂分析、善操作，还要有良好的交易意识和心理承受能力。再一个是手续费因素，别看单次交易费用不多，进出次数多的话，叠加起来可不少，导致盈利时利润少一截，亏损时则雪上加霜，表面上不起眼的不利因素无形中被放大了。所以，无论是国内还是国际市场，真正的短线高手都不多见。

世事无绝对，虽说短线难做，但短线也有它吸引人的优势之处。首先，做短线交易无须看长远，但求眼前看得准，而价格市场的确存在许多短线机会，只要善于把握，能收立竿见影之效；做得好的话，每次获利或许不多，集腋成裘却也可观。同时，万一发现判断失误或交易失利，随时可以平仓逃跑，不受限制。其次，金融市场上有许多交易品种每天的价格波幅并不少，无形中"日日有行情，时时有机会"。机会与风险同在，短线交易把两者都放大了，参与者从中是"损手烂脚"还是"有所斩获"，就看各人道行了。

用辩证的观点来看，同样的短线风险，其大小和影响因人而异，对于技术马虎、抗风险能力低的人来说，小风险也会变成大风险，而对于有技术且懂得控制风险的人来说，大风险也可以转化为小风险。所以，有风险并不可怕，可怕的是不懂得控制风险。总之，短线交易是一项很有挑战性的工作，能否有效控制风险并取得好成绩，关键在于你有没有办法让自己成为一个真正的短线高手。

二、短线高手

什么是短线高手？他们像狙击手和快枪手，看得准，出手快；他们又像游击队，总是打得赢就打，打不赢就走，打一枪换一个地方。不要以为短线高手是只会"有空子就钻，有机会就上"的投机者，事实上，这些人是市场中真正的技术派，人家是有本事的。

有关金融投资交易技术，百分之八十以上估计集中在中短线操作上；各种短线分析技术和交易操作技术五花八门，丰富多彩，有的看上去高深，有的看上去精妙，实际怎么样，真不好说，见仁见智。

客观上，短线的确比长线难做，然而做什么事能不能做好主要是看方法；没有方法或方法不对头，本来容易的也会变得难；若有正确的方法，本来难的也会变得不难。伟人曾说：方法是帮助人们到达胜利彼岸的桥和船。照此推论，只要找到好的做短线的方法，然后从"方法的桥"上走过去，不就也有机会成为一个高手吗？可见，成为短线高手也不是一件可望而不可即的事情。这个思路引出两个问题：第一，找到一座这样的"桥"不容易；第二，找到以后，你从桥上走过去之前，能否经受得住各种痛苦的考验。本书中的相关理论和方法应该可以帮你找到这样一座"桥"，剩下的就看阁下自己的学习能力和个人素质了;正所谓"龙则上天,蛇则入地",自古亦然。

做短线成功与否,不在一次半次的得失,也不在一时半刻的输赢,而是要看胜负比和损益比,看最后的结果。有的短线高手善于捕捉出入市时机,他是靠胜负比优势取胜,只要他能够经常做到七胜三负的话,那么他总体上就会赢。有的短线高手不追求胜负比而讲究损益比,就是说他要求自己赢时的收益大一些,输时的亏损小一些,简单说就是赢大头,输小头,这样他总体上也会赢。无论哪种高手,至关重要的一点就是他必须能够持续地复制其成功,否则老是今天赢了笑,明天输了哭,其侥幸的成分就大了,就不能算高手了。至此,问题已经明朗,短线成功的关键是如何通过可复制的方式去提高胜率和改善损益比。至于能否实现"可复制"的方式,有赖于出色的图表分析和高效灵活的操作手法,更直接的说法是,有赖于建立若干经得起实践检验的交易定式(关于交易定式在后面有专题介绍)。

三、看图识势

贝多芬认为,音乐也是一种语言,而且是一种人类共同拥有的高级语言。联系价格图表,似乎里面也有许多无声的语言。价格的各种表现和变化通过图表向我们发出无数的信息,告诉我们价格市场过去、现在乃至未来可能要发生的事。从这个意义上说,技术分析的实质首先就是解读图表的语言密码。

学习图表技术分析是一个交易者进入市场实际操作的前期准备,仅学会看技术图表是不够的,那只是最基本的要求,还要进一步掌握分析技巧,才能对实际交易操作有大的帮助。一句话,分析得好才可能操作得好。

要真正学好图表分析,不可能不付出代价,而代价大小很大程度在于学习方式。有的人只想通过大量实践体验来逐步提高交易水平,这是一个办法,但绝对是一个笨的办法,因为这样做交的学费太多,有限的投资资金是交易的资本,用来交学费未免太可惜。而通过刻苦的学习与思考来熟悉各种图表形态和分析方法,再结合实践来加深理解,逐步提高实操水平,尽管这样依然还会在实践中交学费,却应该是代价最小的最正确的办法。

至于选择哪一种图表完全看具体品种和实际需要,原理上,时间越短的图表越敏感,也越难掌握。曾有这样一个比喻:一年级的学生看周线图,二年级看日线图,三年级看小时图,四年级看五分钟图,五年级看一分钟图,六年级看闪电图。这只是从某种角度出发的夸张比喻,实际当然不是这样,例如,炒股票看一分钟图就没有多大意义,因为交易规则是 T+1,买入当天不能卖出平仓。所以,各种图都有各自的技术特性和适合对象,应根据自己的实际情况和交易对象灵活运用。

四、残缺的 V

世间万物,好坏、优劣和大小、强弱是比较出来的,价格趋向到底是进是退、是上是下也应该可以通过比较判断出来。我们先来看一张图(见图 8-1),图中有三个点 a、b、c,做连线后得 A、B 两条线段,形成一个英文大写字母 V 的形状。

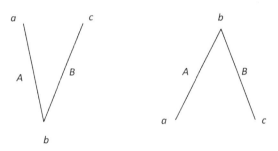

图 8-1　残缺的 V(一)

现在再来看另一张图(见图 8-2),图中也有 a、b、c 三个点,这三个点所构成的两条线段 A、B 与图 8-1 所示不同的是长短有明显的差别,B 线比 A 线短了,看上去成了一个右边残缺的 V。残缺的 V 不论它的开口是向上还是向下,其技术分析意义都是一样的,倒过来看而已。

在二者的图表中,两个由价格轨迹形成的不同的 V,其分析意义却不一样。面对一个标准的 V(见图 8-1),通常不会让人产生什么联想,而面对一个右边残缺的 V(见图 8-2)就不同了,第一感觉就是价格 a 往 b 方向移动的力度要大于 b 往 c 方向移动的力度。这说明什么?这说明标准的 V 没有方向感,而残缺的 V 则在一定程度上具有了方向感。这点认知非常重要,因为接下来,我们对价格趋势的深入研究将以此作为突破口展开。

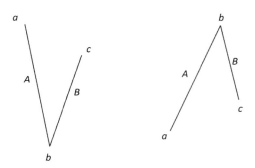

图 8-2 残缺的 V(二)

    A、*B* 这两条线反映价格在某个价格区域内的一进一退(见图 8-2),其中孰强孰弱一望便知,自然是长线的价格移动方向有资格代表市场价格移动的方向。

    将若干个残缺的 V 连起来(见图 8-3),把长线 *A* 称为指向线,即图中的 1、3、5、7、9,短线 *B* 称为回调线,即图中的 2、4、6、8。我们着重研究这若干个残缺的 V 组成的连线。

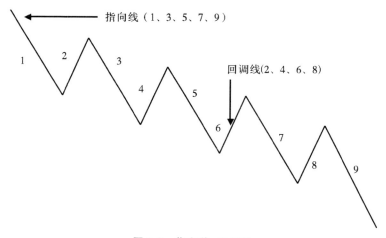

图 8-3 指向线、回调线

五、原始趋势

价格波动具有趋势性,市场中人当然都能感觉到并且也会认同;不过,许多人似乎习惯用宏观的眼光去看待趋势,只要提起这两个字,就会想起那些时间长和幅度大的价格移动;从而对那些时间短、幅度小的趋势不在意,甚至不把它们看作趋势,只把它们看作是价格的小幅振荡。事实上,没有表现出移动倾向的价格波动才叫振荡,而那些带有明显移动倾向的价格变动就不能简单称为振荡了。既然残缺的 V 存在价格发展趋向的暗示,那它算不算一个最原始的趋势呢? 如图 8-2 所示,A 线段与 B 线段明显是一长一短,长线表示进攻有力度,短线表示回调乏力,但那也只是进退,从图表分析的角度来看,那还不算是趋势。一般来说,凡是未经退后再进的移动,无论大小都不是严格意义上的趋势。所以,只有当价格从 c 点出发沿指向线方向到达或超越 b 点时,这个残缺的 V 才算发展成一个最原始的趋势(见图 8-4),简称原始趋势。

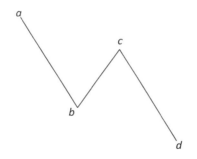

图 8-4 原始趋势(一)

如图所示,原始趋势和残缺的 V 相比较,多出一个点 d,从而多了一条 cd 连线。我们可以这样来描述原始趋势:由四个价格不在同一直线的点构成两长夹一短的轨迹。在原始趋势中,三条线段中有一部分重合,短线的垂直距离就是重合部分,为三者的共同经历行程(见图 8-4)。原始趋势与残缺的 V 不同,应该说,后者顶多是略具移动倾向,还远谈不上势,而前者再不起眼也是一个趋势(见图 8-5)。

单独一个原始趋势是微不足道的,它仅是在一个残缺的 V 之后出现,只不过是表示价格向某个方向迈出了一小步,它或者只是昙花一现而已,接下来

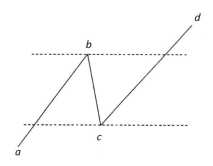

图 8-5　原始趋势（二）

可能又会被一个反方向的原始趋势推翻。不过,我们同样不能排除,一个残缺的 V 出现之后,接下来相同倾向的残缺的 V 会相继出现并手拉手般连接成一个大的价格行程(见图 8-3)。既然原始趋势的后续变化有两种可能,那么它的实战意义何在呢?它的实战意义就是令交易者可以在价格行情的起始阶段第一时间试探性介入。关于实战运用方面的问题,以后还会进一步分析探讨,此处重点是研究最原始的趋势形成及它的图表分析意义。

　　趋势有大有小,大趋势由小趋势组成,小趋势存在于大趋势之中,大小趋势互相依存、互相影响,这就是大趋势和小趋势之间的辩证关系。市场上不论是做长线还是做短线的投资者,谁不希望能够捕捉和追随那些较大的趋势?至于这个趋势实际有多大,价格到底能顺势走多远,在它成为事实之前我们是不知道的,我们能做到的只是通过原始趋势的提示去发现并且跟随它。我们认为,研究原始趋势是探索价格趋势的第一步。

六、主流趋势

　　说过原始趋势之后,我们再来看较大的趋势,想要说的是那种在特定时间段内的主流趋势(见图 8-6)。所谓特定时间段,具体是指周期。要知道,五分钟图上的一个趋势行情,在小时图上看可能只是一个反弹回调;同样,小时图上的一个趋势行情,在日线图或周线图上看可能也只是小反弹而已。假如用日线图去分析,说的趋势就应该是日趋势,用分时图去分析,那就是分时趋势。所以,讲趋势务必先讲清楚是什么时间周期,否则就乱套了。

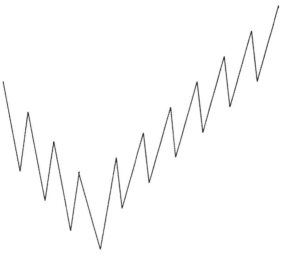

图 8-6　主流趋势

　　不论什么周期的 K 线图,每张图上都有小趋势、次要趋势和主流趋势,交易者想追求什么时间周期的趋势就该看什么周期的 K 线图。在期货和外汇市场,人们更多的是看短周期的图表,比如三十分钟图、十五分钟图甚至五分钟图。不要以为这是"眼光浅",皆因在这种市场中,价格在一两个小时内走几百点是很平常的事;借助于杠杆交易,很多时候,就算是抓住一个小时的主流趋势也能令人获利不少。

　　凡是热衷于日内交易者,都希望能够及早确认当天的主流趋势,而这又不是一件容易的事,我们的解决思路是争取在主流趋势的形成之初发现它,具体方法就从原始趋势入手。

　　原始趋势孤立来看虽然小,但连接起来就不简单了。如果图表上出现一个由同方向的残缺 V 连接而成的原始趋势,表明价格有了向这个方向发展下去的可能性,可以考虑做有限信任而介入,即可以期望或者说暂时相信它是一个主流趋势的开始,直至出现反向残 V 为止。虽然介入的原始趋势最后未必能发展成主流趋势,但只要懂得止损,一旦出现反方向原始趋势时能及时收手离场,那就没有太大问题。通过当日新鲜出炉的原始趋势去抓主流趋势,并且始终跟着最新的原始趋势走,便是这种做法的战术思路。在市场价格波幅大或者干脆走单边市时,这种做法效果很不错。

　　必须明白,一个孤立的原始趋势(见图 8-4、图 8-5)是没有什么杀伤力的,只有一个个同方向的原始趋势连接在一起(见图 8-6)才能充分显示出威力,才能使交易者有操作空间和获利空间。

当日主流趋势的升跌属性是由收盘价决定的,有两种情况原则上不存在主流趋势,一种是当日中位收市,一种是短日线。前者表明当日多空皆无法压到对方;后者表明当日价格只是幅度不大的拉锯震荡,遇到这种市道,顺势而为的交易者难有作为不说,还容易被左右刮耳光,至于如何应对,在后续有关操作技术的章节中再做讨论。

第九章　峰级分析的基本原理

一、价格拐点

　　图表分析有一个常用名词,叫作"价格拐点",要了解峰级图表分析方法,须先了解价格拐点。打开任何一张 K 线图,你会发现图表中有些价位尤其突出,特别吸引眼球,如图 9-1 中一、二、三、1、2、3、4、a、b、c、A、B 等价格点位。它们在图表上表现为局部高价和局部低价,由于价格是上行或下行到这些价位之后开始拐弯掉头,故这些价位就是图表中价格运行过程中的转折点,习惯称为"拐点"。如果以出现的时间顺序把它们连接起来,即得到一张清晰可辨的价格变化轨迹图。须指出,图表中在价格上落点有不少,不能随便视之为拐点,只有那些带有暂停意味、孤独显眼的转折点,或者说必须是明显的局部高低价才有资格被称为拐点。

　　图表中的价格拐点,大多是一些敏感价位,由于当初价格就是在到达这些位置之后开始折返形成拐点的,按照价格的市场记忆特性,它们被市场参与者或多或少"记住"了,于是,这些价位或多或少影响市场心理,其中一些会在不经意间成为交易人士分析市况时的价格进攻标志或防守标志。由于价格拐点既能影响交易者心理又能反过来影响价格变化,因而它们顺理成章地成为图表分析中颇具分量的分析因子。

　　关于价格拐点,有三点需要明确指出:首先,拐点本身具有攻防属性,由所处位置而定;其次,其分析价值存在时效性,越是新出现的拐点,越有分析价值;再者,不仅拐点所处位置有技术分析意义,拐点与拐点间的距离也有重要技术分析意义。

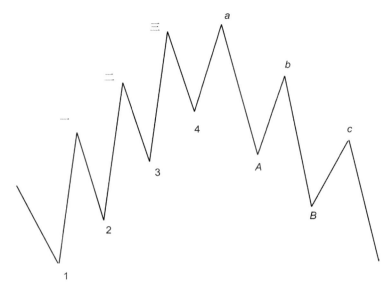

图 9-1 价格拐点

二、峰级概念

主流趋势在图表中的表现形式,可以理解为是若干个残缺的 V 的连接,在图 9-2 中可见,前一个残缺的 V 中的 c 点即是后一个残缺的 V 中的 a 点,即前者的回调顶点同时也是后者的起始点。如果在一段行情结束后回头看,会发现图表上残缺的 V 的连接看上去就像一个放大了的锯齿,这些锯齿大小各不相同,锯齿齿尖就是图表上具有特殊分析意义的价格拐点。为了充分发挥价格拐点的图表分析作用,有必要引入"峰级"概念。

所谓"峰级",其实就是被冠名的拐点。正如人有男女性别之分一样,拐点也有攻防属性之分,要知道,价格顺势进攻所创拐点和价格回调所创拐点是不同性质的两个分析因子,二者的技术含义大相径庭,在分析时是不能将之混为一谈的。令人欣喜的一点是,将不同的拐点分别冠名为"峰"和"级"之后,我们对主流趋势的分析和表述立刻变得更清晰、更直观和更形象。至于具体分析时何为峰、何为级,由趋势的进攻走向而定;趋势向上发展时,上者为峰下者为级;趋势向下时则反过来,是下为峰上为级。换一种说法,凡是顺势突前所产生

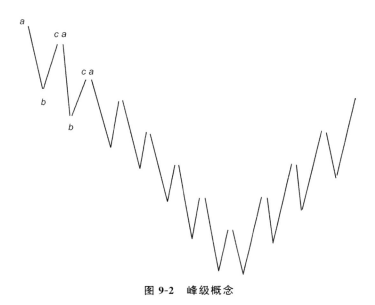

图 9-2 峰级概念

的拐点谓之"峰",凡是反弹回调形成的拐点则谓之"级"。如图 9-3 所示,很明显,与趋势同向的 b、d、f、h 叫作"峰",再把与趋势反向的齿尖 c、e、g 叫作"级"。

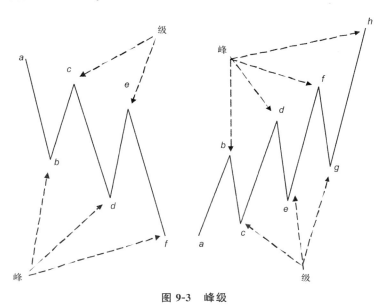

图 9-3 峰级

对峰级有了基本的概念后,接下来说说峰级的研究意义和作用。首先,对峰级的研究其实就是一种变换,是把对趋势的研究变换成对峰级的研究,因为人们虽然可以感受到趋势的存在,但趋势本身并非可见可察的事物,而是一个表示发展动向的概念而已,说趋势必须有对应的周期和对应的参照物,否则根本说不下去,而峰和级却是可见的、实在的东西,借助它们,可以使我们对趋势的研究和表述不再含混虚无而变得简明清晰,实现从虚到实的转化。另外,除了便于分析研究趋势之外,峰级还有一个重要作用就是分析价格现状,要知道,趋势并非时时存在,在市场多空争持处于均衡状态或趋势处于酝酿阶段时,价格表现是没有趋势可言的,这些均衡和无趋势的市况同样可以借鉴,我们始终认为,研究峰级是研究趋势的最佳方式。

总之,峰级分析法就是对峰级进行分析的方法,交易者掌握这个方法之后,可以用来分析趋势的起动、趋势的强弱、趋势的发展与延续;最有用的是还可以用来发现和确认趋势的逆转。另外,峰级分析还有一个值得一提的特点是它的通用性。由于峰级分析法的分析对象是所有价格图表都存在的价格拐点,因而其适用性广,可满足不同商品对象及不同时间周期的图表分析需要,十分适合日内短线操作,比如期货、外汇及实施 T+0 制度的股市等。

三、核心思想

人们总说,顺势而为是金融交易的金科玉律,可这是一件知易行难的事情,因为顺势而为的前提是"知势",不仅要知其过去和现在,更要知其将来,不用说,趋势"将会如何"是难点和关键点,自然也是图表分析技术的研究重点。

在受多种因素影响的金融商品市场,价格表现的一个特点是不仅多变,而且经常突变,长期趋势不论,短期趋势是很不稳定的,常常是说变就变,即使看上去比较明朗的趋势,下一刻都有可能随时结束甚至发生转势。从哲学角度看,趋势的延续与反转是一对矛盾,这对矛盾在整个价格发展过程中始终存在。峰级分析法解决这个矛盾的方法是设立一个方向标,就是说,从图表上选定一个价位作为是否转势的"分水岭",这个承担分水之责的最佳价位就是被称为"级"的价格拐点。在此,峰级分析法明确表述这样一个观点,那就是:"只要价格回调未破级,趋势仍在。"换句话表达:"只要未破级,就未转势。"切勿认为这只是一个无足轻重的观点,相反,它正是峰级理论的核心思想,是峰级分析法得以确立的前提和根本依据。

　　峰级分析法将破级和转势紧扣在一起是基于这样一个认识：峰和级都是图表中的重要分析因子，各自的分析分量却不同，级的分量比峰要大得多；一段趋势行情，它是逐级向前推进的，当趋势向前发展时，不仅峰一个比一个突前，级也是顺势前移的。假如趋势行情结束，级的前移也必然结束；假如价格回调时越级而过（习惯叫"破级"），那么，原趋势大概率会就此结束甚至反转。这个结论，并非一种主观意臆断，而是得自大量的图表验证，是无数经验的总结，因而理应是高概率的，或者用通俗的话说，是比较可靠的。

　　一直以来，人们习惯由对后市的预测来决定买卖行动，预测会升就买，预测会跌就卖，测对了赚钱，测错了亏钱。然而，市场价格总是变幻莫测，要提高预测准确率可不容易，而破级提示转势的观点，恰好可以在相当程度上解决这个问题。很简单，趋势出来跟着趋势走，只要未破级，咬定青山不放松。这样一来，不仅交易操作无须处处依赖预测，而且实施顺势而为时不必过于担忧，万一运气不佳入市后遇破级转势，止损离场就是，损失有限，不足为虑。

四、峰级界定

　　将峰级作为分析短期趋势的工具或者说参照系，第一步要做到的是精准定级。打开价格图表，"峰"的界定简单，基本上是一眼可见；"级"就不一定了，价格创新峰后的回调整理很多时候并非一步到位，就是说，回调拐点往往不止一个，面对一些似级非级的拐点，初接触峰级分析的人，经常会搞错。由于"级"不仅有检测趋势延续与否的作用，同时也是用来控制风险的重要止损位，故对"级"的准确界定尤为重要，不容误判。

　　级的界定说开了也不复杂。首先，要求该拐点必须是价格回调过程的真正结束点，判断办法是看重新进攻力度，原则上要求跨越前峰，如果不能，起码也要能够逼近至前峰附近。其次，要求回调拐点与峰之间或与前级之间有一定的横向跨度，否则视为一时的价格争持。满足这两个条件的话，那么这个拐点基本上可认定为级了。

　　有人为了让级的界定在实际交易中更具可操作性，试图对级进行量性化界定，如图 9-4 粗体线所示：下跌趋势中的级，必须高于前三线的最高位，同时也必须高于后三线的最高位；上升趋势中的级，必须低于前三线的最低位，同时也必须低于后三线的最低位。像这种量性化的界定标准仅供参考,毕竟属个人经验总结。

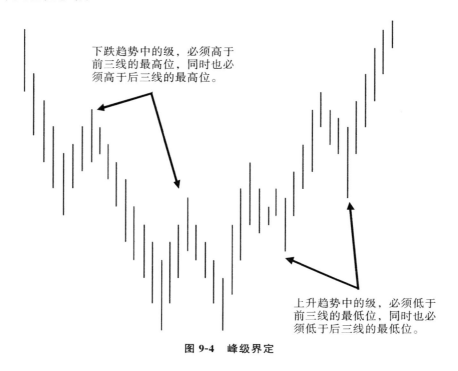

图 9-4　峰级界定

图中文字:
下跌趋势中的级,必须高于前三线的最高位,同时也必须高于后三线的最高位。

上升趋势中的级,必须低于前三线的最低位,同时也必须低于后三线的最低位。

五、峰级推进

风起于青蘋之末,浪成于微澜之间。任何一个大的趋势行情,本身都是由若干小趋势所组成的。大部分趋势在开始的时候,只是一个小原始趋势,既不显山,也不露水;随着一个个相同趋向的小趋势相继加入才会逐步形成大的趋势行情。有道是,历史是最好的教科书,从过往的图表中可以看出,趋势发展的过程往往是最先出现一个原始趋势,然后有若干小趋势加入接力,在价格图表上表现为多个残缺的 V 头尾对接,转换成峰级概念就是峰级对接。趋势每向前一步,就会创出一个新峰,接着再通过回调创出一个新级,我们把这种价格发展状况称为"峰级推移"或"峰级推进"。

在 K 线图表中,"峰"就像冲锋在前的排头兵,价格上行时它不断创出新高,价格下行时它不断走出新低,如图 9-5 中的一、二、三、*a*、*A*、*B* 所示。先头部队每次攻城拔寨之后需要退回军营休整,准备再做下次进攻,而"级"就像一个随军推进的后勤军营,如图 9-5 中的 2、3、4、*b*、*c* 所示。正常情况下,只要趋势未结束,峰级的推进就会继续,直至趋势行情结束为止。

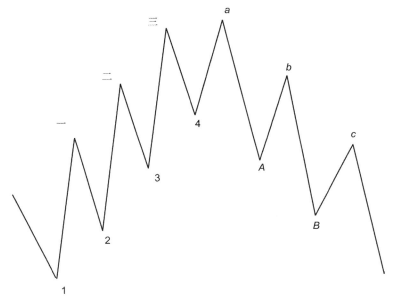

图 9-5 峰级推进

也许有人会提出,既然大的趋势行情由小的趋势行情所组成,那么是否只要第一时间捕捉到一个原始趋势,就能够捕捉到一个大的趋势呢? 答案是不一定,因为破级引发转势只是概率大而已,其中并没有因果上的必然联系。当然,金融交易不奢求百分百,有高概率就不错了。这里需要着重提一下,即使交易做对方向,也抓到一个有前途的原始趋势,亦不等于就能获大利、赚大钱。要知道,一次完整的交易包含一买和一卖,入市入得好还须出市出得好。因此,要取得好的交易成绩,还有如何持仓和如何出市的问题要解决,究竟应该怎么做,这属于具体交易技术方面的话题,三言两语说不清,后面章节会有论述,此处暂且按下不提。

六、峰级转向

理论上,价格跨过级之后,可以基本认定原趋势结束和初步认定短期趋势已经反转,虽然市场上破级而最终转势失败的情况偶有发生,但毕竟绝大多数转势的确是尾随破级而来,所以,这个结论一般意义上是完全成立的。

既然破级后仍然存在破而不转的可能,那就需要做"转势确认"。到底如何才能确认呢?看两点,第一,看破级表现,如果破级过程不是小破慢破而是大破快破,那么基本是真破了。第二,看破后是否会形成一个反向的原始趋势,只要出现一个反向的原始趋势,那基本可以认定趋势已经逆转,起码是短期趋势已经逆转。

趋势反转之后,峰级必须重新定了,从第一个反向原始趋势开始,峰级就要从反方向来看,即如果之前上拐点是峰、下拐点是级,那么现在就要改变为下拐点是峰、上拐点是级,同样,如果之前下拐点是峰、上拐点是级,也是反过来看,这个由转势导致称谓改变的情况叫作"峰级转向"。

最后,需要补充强调一下,峰级分析所说的转势是针对性很强的,和讲趋势要讲周期的道理一样,用什么周期的图表进行分析,所言转势就是什么周期意义上的转势,否则就乱套了。趋势也好,转势也好,都要考虑时间单位周期因素,一段行情要反转,顺序是先小后大,如先有日线图转势才有周线图转势,先有小时图转势才有日线转势,先有五分钟或十分钟转势才有三十或六十分钟转势。有时候,小周期转了,大周期没有跟着转,这就难免会发生转势之后接着又遭否定的事,此乃小周期转势不稳定的原因所在,这点是交易者在实战中必须注意的。

第十章 破级分析的基本范畴

一、破前分析

前文从峰级分析的角度指出,绝大部分的趋势行情是起于原始趋势而止于回调破级,这个观点固然重要,然而关于峰级的研究当然不可能止步于此。站在实战的角度,交易者无论手头上有单无单,最需要或最希望解决的是当下市况会不会出现破级的问题,因此,对级的"破前分析"才是研究重点。

当价格创出一个新的峰后,总会往回走一段,这一段本质上可以是正常回调整理,也可以是反攻的开始,其属性取决于其后是否破级,虽然概率上后者远小于前者,但毕竟在事实未出来之前不能随意排除其存在的可能性。价格回调有时很快结束,有时则表现得欲罢不能,十分执着,让人心里很容易产生这样的疑惑:"到底现在是正常的回调整理还是趋势已经到头了?"所以,交易者稳健的做法应该是努力做好破前分析,方才有可能对后市做出较为满意的预测,才能制订出具备前瞻性的交易计划。

破前分析没有想象中那么容易,多看几张图表就会明白,峰和级在形态上是五花八门、形态各异的,看上去似乎都很有个性,如果不找出它们之中带有普遍性的东西,如果没有合适的分析手段,分析起来定然感到茫然而无从着手。所以,做破前分析,需要掌握一些有效的分析方法。按通俗的说法,破前分析是一件很有讲究的"技术活"。

峰级分析法进行破前分析是先从时间和空间的维度提出一些相关概念,比如力度、速度、夹角等,再通过对概念的延伸和深化,挖掘其与趋势强弱的关联度以及对破级与否的暗示作用,然后以之作为理论依据,分别以不同的视角出发,围绕破级转势与趋势继续二者谁可能性更大的问题进行战术层面的分析。

破前分析作为一项重要的分析技能,即使有好的分析方法,仍须多练习、善总结,才能逐步提高水平甚至达到熟能生巧的地步。至于具体如何分析,接下来的章节将会详细介绍。

二、峰级解读

知悉当下方能谋划未来。如果说,学会审时度势是对一个军事指挥员的基本要求的话,那么,这个要求同样适用于金融交易者。审时就是分析现状,是度势的前提,只有做到客观"审时",才能做到准确"度势"。交易操作离不开预测,而只有了解价格的现时状况,才能做出有所依据、较为可靠的预测。

任何一张商品实时价格图表,都有多个峰和级,我们重点要看的是图表中最新出现的峰和级,因为它们反映的是进行时的价格现状,而之前的峰级则属过去式,分析意义已经不大。

对新峰新级做出客观评判,是破前分析的一个主要内容。具体做法是先以峰的起点建立直角坐标系并在峰级之间做连线(见图 10-1),这样便得到五个分析数据(峰程、峰距、级程、级距、时跨),然后通过分析这些数据以形成对价格现状的看法。(多说一句,做坐标和连线是新手的做法,熟练之后心中有形有数,这一步自然可以免去。)

第一个数据是峰程。峰程指级与峰之间的纵坐标距离,如图 10-1 中 g_2 至 b_2 所示,其大小与趋势强弱存在正比关系。就是说,峰程大,代表即时趋势够强劲且有续势潜力;峰程小,代表势弱和缺乏后劲。不过,这是常规理解下的一般性推论,不排除有些长峰是"一步到位",或者是"最后的晚餐",因此,峰程反映强弱没有问题,但对峰程反映续势潜力这一点,理解不能绝对化。

第二个数据是峰距。峰距指新旧两峰之间的距离,如图 10-1 中 b_1 至 b_2 所示,一般情况下,在价格行情的发展过程中,峰距总是随着趋势的逐渐减弱而逐步缩短,所以,其大小同样从侧面反映即时趋势的强弱和续势潜力。若新峰只是稍微超出旧峰即开始回调,表明攻势阻力大,市场对新峰的刷新认可度不高,对其续势能力信心不足。虽然尚不能认定趋势行情已近尾声,却大致可判为攻势已疲。如图 10-1 所示中 b_3 突前超过 b_2 后很快就深幅回调至接近

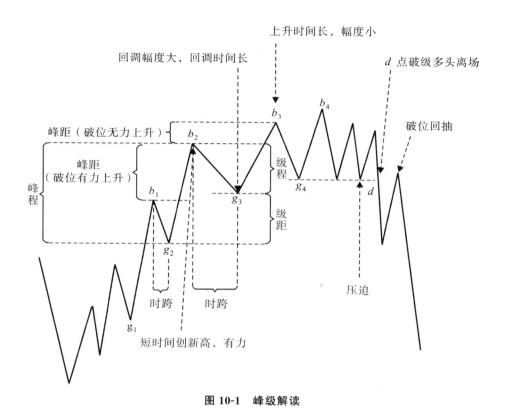

上升时间长，幅度小

回调幅度大，回调时间长

d 点破级多头离场

破位回抽

峰距（破位无力上升）

峰距
（破位有力上升）

峰程

级程

级距

压迫

时跨

时跨

短时间创新高，有力

图 10-1　峰级解读

级位 g_3 的 g_4 位置，表明 b_3 已显乏力，其势未尽亦不远矣！

　　第三个数据是级程。级程也叫作回调深度，如图 10-1 中 b_2 至 g_3 所示，这个数据依赖于级的确认，如果新级未定，本次回调是否结束未定，那么级程亦未定，因此，它顶多只是一个用来观察和分析价格回调表现的暂定数据，直至新级得到确认之后，级程才可能成为重要的分析因子。

　　第四个数据是级距，如图 10-1 中 g_2 至 g_3 所示。级距指新旧级之间的时间跨度，由于它同样依赖于级的确认，因此也是一个暂定数据。按正常逻辑推论，峰距变小表示进攻力度减弱，级距变小则表示反击力度增大；如果峰距和级距双双缩短，可理解为该段趋势行情已近尾声，或者理解为即时趋势反转已经可期。

　　第五个数据是时跨，如图 10-1 中 b_1 至 g_2 或 b_2 至 g_3 所示。时跨指峰级之间的横向距离，它反映的是形成新峰新级所耗费的时间。按正常理解，"成峰时跨"是从时间角度显示趋势强弱，用口语表达就是"以快慢定强弱"。至于

"成级时跨",它反映价格从开始回调到结束所花的时间。趋势发展期间的回调整理耗时有长有短,成级时跨自然有大有小;一般来说,假如市场向前推进的意向依然强烈,是不会有太多耐心让价格慢慢调整的,它会很快结束,如图10-1中 b_1 至 g_2 所示,所以,成级时跨更多的是反映市场针对原势的续势意向。

总之,五个数据就是五个分析因子,除了用来评判峰级以辨即时趋势外,也可对趋势的未来发展有所测度。

三、力度分析

交易需要预测,尤其是短线交易。然而预测绝不是一件容易的事,尤其是对即时趋势变化的预测,而偏偏短线交易离不开它,如果交易者不想蛮干的话,就应养成先预测、后下单的习惯。

面对预测难的问题,峰级分析的解决办法,是将一些立足于不同视角的、与价格变化密切相关的概念作为分析手段来实施有限预测,"力度"分析便是其中之一。

对于价格移动的描述,市场中人总习惯用"有力"或"乏力"等语句来形容它。我们知道,理论力学有这样一条基本公式: $f=mv$,用文字表达就是:力的大小等于质量乘以速度。在价格图表上,我们只看到速度 v 却找不到质量 m ,何来有力乏力之说?很简单,因为价格不是物质,自然谈不上质量,故所说的"力度"只是一个抽象的描述性概念。力度尽管看不见、摸不着,但在价格市场中,我们不仅可以切实感觉到它的存在,而且还能感受到它对价格后续变化的影响。

价格市场多空较量虽然激烈,但出现一边倒看多或一边倒看空的情况毕竟有限,绝大部分时候,价格是在一个相对较大的区间上落徘徊,"两头不到岸",由于市场中买卖双方的真实意向和资金实力是隐而不见的,我们经常无法凭感觉分清多空双方到底孰强孰弱,唯有借助力度对比从侧面去判别强弱及推测后续变化将会是"谁主沉浮"。

尽管力度大小是一个不可直观的隐性指标,然而力度分析却是图表分析中的一个常项,其实际意义主要有三个方面:第一,通过对价格进攻力度的分析,判断趋势的强弱及其续势能力。第二,通过回调力度的分析,判断回调幅度及逆趋势反击能力。第三,判断会否出现转势示警信号。

如何分析力度大小的问题,答案其实很简单,那就是看价格移动速度。

四、速度分析

峰级分析认为,价格移动速度的快慢在很大程度上能反映升跌力度的大小,用一句简单的话来表达,那就是"速度代表力度"或者说"速度就是力度",关于这一点,只要多验几张图就能印证。其中道理很容易理解,好比跑马和人走路,自然是有力者快、乏力者慢,反正谁有力谁无力,看速度就知道。

衡量价格运动速度不可能有快慢具体的量性标准,是通过比较相对而言的。何为快? 何为慢? 这问题并不重要,重要的是谁快谁慢。从图表(见图10-2)中看速度快慢,主要是靠对比,同样的时间,移动距离大者为快、少者为慢;或反过来,同样距离,耗时少者为快、多者为慢。

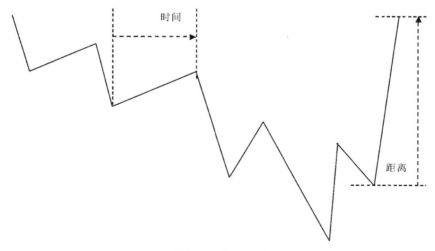

图 10-2 速度分析

正常的或者说比较慢的价格移动速度不值得特别关注,值得关注和重视的是反常或者明显的快速移动,因为一来价格快速移动的方向往往就是趋势的方向,二来速度快其惯性自然大,相对容易成势。一般而言,价格在旧级与新峰之间滞留的时间越长,出现的价格快速移动越能反映主力资金的实际意向。

有一点需要明确指出,快速移动引领或暗示后市走向的道理不会错,但这只是常规理解,市场上价格不按常规走的事不足为奇,比如不时出现的"虚火"现象,就常常令跟风者乱了方寸。所谓"虚火",指快速过后,价格又回到起点附近。在重回起点的过程中,有一种情况需要交易者高度重视,那就是"高速回归"。这种急上急落或急落急上的市道,容易让人感到迷茫和失去方向感。前也速,后也速,究竟哪个更有可能成势?对此,我们的说法是:"前后都快,宁信后快。"试想,一个快速移动的物体定然有相当的冲力和惯性,如果没有受到远大于它的反冲力是不会急停并快速倒退的。当然,这只是一般性原则,实际判断还得看当时的具体情况。比如急走一百步,只是退回五六十步,那就没有理由信"后快"了,依据经验,如果要信"后快",反攻方起码要急速收复七成以上的失地。在期货市场,包括某些被人操控的股票,急拉快压从来都是资金大鳄"震仓"和诱杀散户的惯用手法,不可不防。对一种价格现象,是机会还是陷阱,不能一概而论,且见仁见智,不过,谨慎一些还是好的。

除"虚火现象"之外,还有一种是"加速现象"。所谓加速,是指价格推移的过程中突然小步变大步,慢走转快跑。在一些较大的趋势行情中,这种加速现象有时会多次出现,若对它们下定义,最初出现的叫"启动性加速",那么后期出现的就叫"耗竭性加速";这样定义有点笼统,至于到底是龙是蛇,关键还得看加速后价格的回调表现。

总之,速度分析及力度分析的目的不外乎是要判别后市的升跌倾向。在此简单概括一下之前所述,"通过对比看速度,通过速度看力度,通过力度看后市",这是力度分析的一个重要思路,同时也是峰级分析预测价格走向的方法之一。

五、夹角分析

对于价格走向的预测,除了看速度之外,还有一种看峰级连线形成的夹角。夹角分析也是一种可辨别买卖双方隐性强弱和兼具预测功能的分析方法,两者视觉不同,然殊途同归。

相对于暴风雨般的快上急落,市场更多时候是滞留在峰级之间,时间一长,在 K 线图表上,不论是上升还是下跌,价格移动的轨迹连线总会和水平线形成一定的夹角,我们发现,通过对升跌夹角度进行对比分析,可在一定程度上提升预测概率。

价格创新峰形成的夹角可称为"前推角",如图 10-3 所示,当价格反弹回调时形成的夹角可称为"后退角"。当价格顺着趋势向前推进时,前推角的大小可以体现出价格推进的力度;一般而言,前推角大表示攻势强劲,前推角小则表示攻势疲弱,彼此间是一个正比的关系。

夹角分析就是对前推角与后退角的大小进行对比,得出买卖双方孰强孰弱以及判断市场的升跌意愿,这个思路起码在理论层面不会错,因为它实际上已经兼顾了空间因素和时间因素。

借夹角对比来测判多空强弱并为后市的可能走向提供参考,方法虽然简单,却实用有效,特别是在面对三角形走势时,尤能彰显其作用,不要小看它。

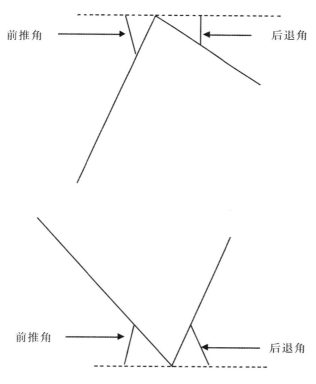

前推角大进攻力度强,前推角小进攻力度弱

图 10-3 夹角分析

六、压级分析

破级分析还有一个视角是看压级。所谓压级,是指价格创新峰后回调接近前级,对前级造成无形的压力(见图 10-4)。说起来,这是一个被普遍忽视的破级分析视角,也许是压级的存在感太低,人们没想到还有这回事。

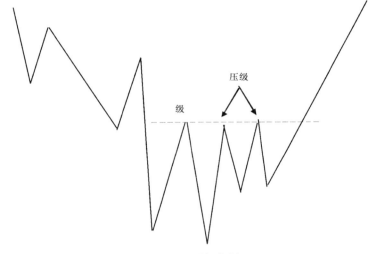

图 10-4　压级分析

级是什么? 级是峰的起点价位,是趋势发展的支持位,也是顺势交易时最重要的防守价位,或者说最重要的止损位。如果价格只是小幅度回调,自然没有什么压级不压级,不过,当价格创出新峰后回调幅度过半之后,压级就有了,因为正常的趋势发展行情,级一般不会受到太大的挑战;而一旦受到挑战,比如回调价格接近甚至触碰到它,那么,趋势到头或转势的可能性就会陡然增大。我们认为,"任何拐点一旦被接近和触及都会立即变得脆弱,级也不例外"。理论上,回调价越靠近,压级越大。所以,将压级大小和破级概率联系起来考虑是有实战意义的。

在价格图表上,"级"作为一个特殊的价格拐点,"孤独"本来就是它的特点,趋势在发展过程中,级是随着峰而逐级向前推进的,只要趋势不改,在它的横向水平线上,不容有新的价格位与之并立,正所谓"卧榻之侧岂容他人鼾睡"? 当然,碰级而不破级的情况偶尔也会有,概率比较小而已(见图 10-5)。

相比之下，一碰即破或先压后破的情况则属于高概率，因此，凡是出现压级的现象，都应给以足够的重视。附上两张英镑对美元以及欧元对美元先压后破的实例图（见图 10-6）。

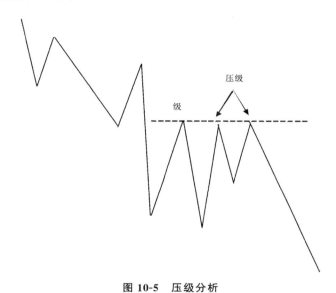

图 10-5　压级分析

图 10-6 压级实例图

七、量度分析

量度分析也可以叫对称分析。美学中有一个常用名词叫作"对称美",根据美学的观点,人类在视觉上喜欢看到对称的东西。人们都知道对称在自然界中随处可见,却未必知道在价格图表中也存在大量的对称。只要稍微留意一下,定会发现在图表中存在关于原点 O(见图 10-7)的左右或对角上下相似的形态。既然有这种形态对称相似的现象,我们当然不应忽视它。

曾经有人把关于 y 轴左右相似的图表现象叫作"镜像反射",如图 10-7 所示中的 bo 与 oe,以及 abo 与 oef;通常将 $aboef$ 称为 M 头,M 头开口向下(若开口向上称 W 底)。又有人把关于原点 O 对称的图表现象称作"镜像倒影",如图 10-7 所示中 abo 与 ocd,即先关于 y 轴左右反射形成 oef,后关于 x 轴上下反射,形成 ocd。

对于价格变动,普遍认为不存在量性分析(这里指涨跌幅的量,不是指成

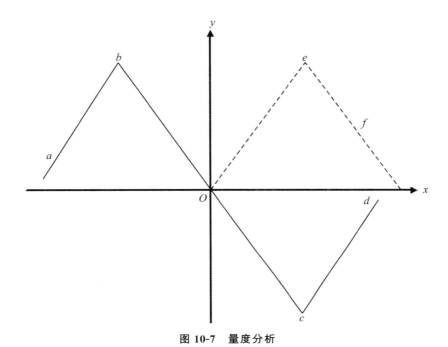

图 10-7　量度分析

交量），这种看法没有错。问题是，绝对的、严谨意义上的量性分析不存在，并不等于相对的、模糊的量性分析不存在；既然图表中存在许多类似镜像倒影的情况，那么这种对称相似的图表现象等于为我们提供了一种可能性或者说一个理由，即可以适当对价格移动幅度进行有限的量性分析。例如，电视股评人经常会提到"量度升幅"或"量度跌幅"多少多少，听上去觉得有点厉害。其实计算出量度升跌幅并不难，简单一点的做法是根据图形对称原理直接从图表中计量出来，复杂一点是以计量所得数据为基础实行"具体情况具体分析"，即视具体的图表形态进行微调，略做加减即可。

　　尽管依据前量而推算后量的模糊量性分析看上去不科学、不严谨，但由于镜像倒影、对称展开是很常见的图表现象，这使量度分析经常能得到应验，从而体现出一定的实战作用。当然，大多数或者说普通的拐点突破没有多少量度分析价值，只有那些市场稍为看重的，相对重要的峰级被突破之后，有限量度分析才有实际的意义。

　　在图表上计量量度升幅或量度跌幅，论手法，属于"外翻求倍"。如图 10-8 所示，量性分析其实还有一种手法叫"内折求半"，主要用于有一定级峰距离的价格回调，因为价格走十步回五步的情况也是十分常见的现象。在此有必要强调一下,无论是"外翻求倍"还是"内折求半",一者因自常见图表现象、二者因自"七成当十足""概率为大"的思维,所以,模糊量性分析作为助测手段可以,但不宜太执着较真。

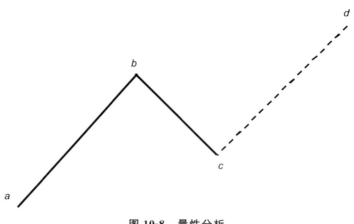

图 10-8　量性分析

八、破级预判

当价格一个劲儿地往回走时,人们心里很容易产生这样的疑惑:"到底是正常的回调整理还是要转势了?"其实,转势是有"门槛"的,如果价格趋势要逆转,就必须跨过这个门槛,而这个门槛就是上一次的价格回调拐点,也就是我们所说的"级"。

之前分析过,只要趋势不改,级就会继续向前移动,上一次的价格回调拐点之所以引起人们的重视,皆因这个拐点是一个能够让人对趋势改变看法的、分水岭式的心理关口位。图表上,"级"既是上一次价格回调整理的终止点,又是重新进攻的起始点,由于当初的回调反击不能越其雷池半步,人们自然在心理上将其视作一个对抗逆势冲击的防守堡垒。话说开来,有这样一个防守参考标记而不加以充分利用岂不可惜?所以,市场中确实有不少人是瞄着这些价格拐点来做交易和设定止损位的。而市场中人都知道,交易市场上价格大幅回调和趋势逆转是一定会发生的事,当它发生时,再坚固的防守堡垒也会被突破。对此,我们能做到的只能是在事情发生前争取早一些发现它,而破级分析就是实现这一点的最佳手段。

有时候,破级在人们毫无警觉的情况下突然发生,此时当然不存在任何破级分析可言,好在这种情况乃是小概率事件,大多数时候,破级还是有先兆的。那么,既有先兆,就可分析和预测。

进行破位分析,大致从以下三个方面入手。

1.冲击力度

价格向级靠近的速度快不快? 力度大不大? 假如答案是肯定的,那么"级"易破(见图 10-9);假如答案是否定的,则"级"难破(见图 10-10)。

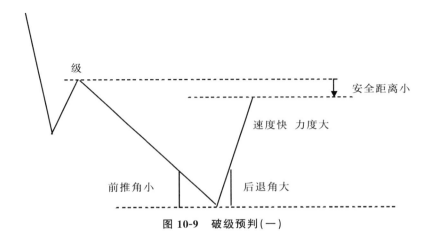

图 10-9　破级预判(一)

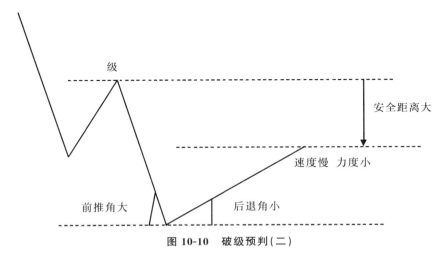

图 10-10　破级预判(二)

2.安全距离

安全距离是指价格回调的止步价与级的垂直线距离(见图 10-9、图 10-10)。

一般来说,级位越坚挺,价格越难近身,以图 10-9 与图 10-10 相比,图 10-10 安全距离较大。

近身距离的大小反映了市场对该级的信任和"顾忌"的程度。价格向级靠近时,假如大家相信这个级不太可能被突破,即原来的进攻趋势仍未结束,那么就会在价格未接近"级"时提前入市,故也可以说安全距离就是这种提前量的图表体现。

如果安全距离太小(见图 10-9),那么随后破级的概率就会增大,两者之间是一个反比的关系。安全距离没有什么量性标准,交易者可以根据上述原理和自身经验分析估测。

3.冲击行程

回调起始价位与回调结束价位之间的垂直距离称为冲击行程。峰级之间的距离有大有小,只有那些峰级距离较大的形态,冲击行程才有分析意义。在没有表明趋势行情已经是尾声的情况下,人们对价格回调深度的容忍是有限度的,因此,价格回调幅度太大也可以作为破级先兆看待。

理论上,如果要突破某个价位,距离近总比距离远要容易些。假如回调有本事远程冲击至贴近级的位置,表明市场可能对趋势延续已经不看好,真是这样的话,那么即使暂时不能一鼓作气破级,也很可能在稍做整理之后重新再攻,那时远程冲击已经转变为短程冲击,到时候能不能守得住就不一定了。所以,留意观察远程冲击会不会转化为近程冲击,也是我们判断破级概率时需要做的事。

破级分析不仅极具实战意义,同时也是检验交易者图表分析技术的指标之一。要知道价格变化又快又复杂,未必有时间让人慢慢分析和慢慢决策,交易者如果对破位分析不熟悉,实战中面临上述情况时,多数会反应不过来而无法及时应对,更别说能不能正确调整交易策略或制订前瞻性交易计划了。

第二篇　交易技术

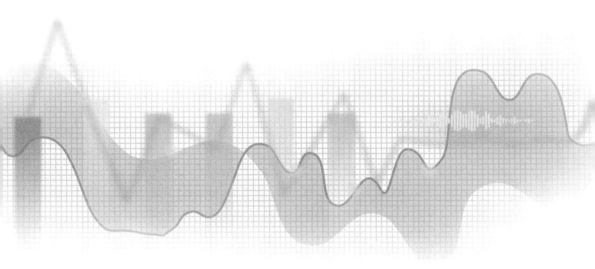

第十一章　基本交易法则

一、散户交易法则

什么是散户？散户就是普通的个人投资者。大家知道,散户虽然数量庞大,但不抱团,说好听是各自为战,说难听是一盘散沙,相对于市场上众多的基金及机构投资者,他们是彻头彻尾的弱者。不过,在基本公平的游戏规则下,不管是弱者还是强者,都可以在市场上找到各自的获利空间和谋利机会,作为散户的个人投资者,要想生存和获利,唯有尽量让自己成为一个既懂分析又懂操作的优秀交易者。

理性交易的过程是先技术分析后实际操作,分析得好才有可能操作得好,分析虽然重要,却不是影响交易成绩的唯一前提。如果用通俗的话说,分析是一摊子,操作本身也是一摊子,分析的水深,操作的水也不浅。

提到操作,首先要提的是交易思想和交易意识,一个成熟和优秀的交易者应该有自己明确的交易思想,在市场中,哪些事情能做哪些事情不能做,要有清晰的认识。要做到这一点,就必须为自己设立一些必要的交易法则,用以规范自己的交易行为。要让交易结果符合自己的主观意愿和要求,最好给自己确定一些思想行为准则。

以下几个交易法则可能值得投资者深入探讨和参考引用。

二、顺势而为法则

顺势而为法则,顾名思义就是指买卖交易要符合市场趋势。市场中人常说,"做交易要重势不重价""宁买当头升,不买当头跌""顺势而为是市场的金科玉律",这些话都是从经验教训中悟出来的道理。无数的事实都说明,金融市场是典型的"顺势者昌,逆势者亡",趋势就是这么霸道,谁不顺它,它就教训谁,如之奈何? 因此,顺势而为作为一个应该尽可能遵循的法则的说法,相信大部分人都会赞成。

认同顺势而为法则是一回事,能不能坚守这个法则是另一回事。顺势而为听上去不错,做好却不容易。因为顺势须先知势,而认清和确认趋势这事本身就相当有难度,有时候是想顺也没办法顺,有时候则以为是顺而结果是逆。再说趋势有长有短,有大有小,大周期趋势和小周期趋势不可能时时方向一致,当它们相反的时候怎么办? 比如日势升,周势跌,或者日势升,三十分钟或六十分钟势跌,这时候应该顺哪一个势? 所以说,顺势而为是一件很有讲究和知易行难的事。不管怎么说,顺势而为作为一个基本的交易法则是没有问题的,最起码可以让你少做一些逆势而行的事,避免和减少一些无谓的损失。

顺便提一点,顺势而为这个法则主要针对的是入市,至于出市,则不宜死板教条,生搬硬套,要视具体情况做具体分析,灵活处理,不过这是另一个话题,这里就不多说了。

三、被动应对法则

所谓被动应对法则,是市场上弱者无奈的生存之道,跟生活中"看菜下饭、看人说话"的道理一样。打牌的时候,如果有人问你,下一局你打算怎么出牌,你一定会感到气噎:"牌还没有到手啊!"如何交易与如何出牌道理相同,不能以自己的主观意愿来定,而必须根据市场价格的实际情况来定。价格无论怎么变化都是一种客观现实,而我们接受现实则有主动和被动之分,被动应对法则提倡的就是无条件接受价格变化的现实,不问原因,只考虑如何应对,只考虑如何"兵来将挡水来土掩",用一句话简单概括就是:"它走你走,它变你变,少些主动,多些顺应。"有句很有哲理的名言:"如果有些事你无力改变又不能回避,那最好是接受并适应它。"其实现实世界都是这样,很多事情你可以不理解,却不能不接受它。所以说,既然我们无力抗衡和改变价格趋势,就应该有"视势而动、为势所驱"的觉悟。

无论价格走势是多么乖离和不可理喻,操盘者都没有必要去考虑它是否合理,因为价格变化从来是不讲究合理性和逻辑性的,退一步说,即使它走得再不合理又如何?事实违背你的主观愿望,除了正视和接受它之外你还能怎样?华尔街有句名言:"一个没有观点的操盘手才是好的操盘手。"此话听上去虽然有点古怪和偏激,但却非常符合应对原则。其意思是好的操盘手应该抛弃个人关于价格以后走向的主观臆想,不管价格如何变化,不问为什么,只考虑怎么办。尤其是做短线交易,更须讲究及时应对。凡是主观猜测、自以为是、不肯面对现实甚至跟市场斗气的操作都是幼稚的、非理智的行为。

被动应对法则强调适应和接受价格现实,更强调"跟随"。一个大企业老总到下属企业视察,下车以后,他那高大帅气的司机走在前面打算带路,突然一帮人冲过来握住司机的手说,"欢迎老总亲临指导",结果是司机很尴尬,老总脸变黑,从此司机再也不敢领先老总而行。喜欢领先市场而动的交易者一定要记住,市场永远是领头的,而我们只宜做一个市场的跟随者,千万不要把这个主随关系给颠倒了。

四、合理损益法则

所谓合理损益法则是指所有的交易都要考虑可能的得益是否大于可能的损失,换句话说就是要讲究赔率。香港的行家喜欢提醒新手不要"赢是一粒糖,输是一间厂",虽然一粒糖和一间厂的对比太夸张,但却十分发人深省。炒股票可能好一些,若是炒期货和外汇等杠杆形式的,被不幸言中的例子非常多。金融交易总算是一种投资吧?但如果赢是"小甜头",输是"大出血",还投什么资?不如到赌场去买庄买闲,至少还有接近1:1的赔率。事实上,即使是赢亏没有相差那么夸张,你有本事做到赚亏同量,但由于每次买卖都有手续费、印花税等费用成本,你还是亏,那么是否可以用提高胜率的办法来解决?应该说,理论上可以,实际上不行。由于存在费用成本的因素,没有七成以上的胜率是不会有纯利润产生的,何况赢亏同量只是假设,谁能真正做到?

做交易不是打球,凡是不讲赔率,只讲胜率,热衷于玩"短平快"的投资者,不说会亏得有多惨,最起码是做不了赢家的。所以,合理赔率法则就是为了从意识上约束非理性的交易行为,交易者在做交易之前,除了考虑交易胜算之外,还要掂量掂量,估计一下做对时的"得"是否明显比万一做错时的"失"要大,赔率是否合理,虽然这种掂量可能纯粹是主观的测算,最后能否"吃小亏占大便宜"尚须事实来检验,但交易前对交易的得与失进行比较和衡量,最起码能增加自己理性投资的色彩。

五、宁弃勿错法则

宁弃勿错法则就是强调慎重交易。价格市场中的机会与陷阱往往很难分得清楚,它们就像一对孪生兄弟,有时候看上去很危险,没想到却偏偏是个机会,错过了这样的机会不必遗憾,反正没有实际损失,市场有的是机会,等下次就是。但有时候以为是机会,到头来可能就是一个陷阱,这就不同了,一不小心可能就会上当受骗。小朋友去小河边钓鱼,河水清,能见度高,鱼饵一放下去,看见小鱼都围上来抢吃,大一点的鱼则在附近观察,由于大鱼谨慎,不轻易上当,结果钓上来的都是小鱼。市场有不少所谓的机会好比是包裹了鱼钩的鱼饵,所以交易必须得慎重。金融交易经常会遇到机会与陷阱一时之间难以分清的情况,怎么办?很简单,宁愿放过,也不犯错,老话说"小心驶得万年船",只要资金在手,不愁没有机会。

宁弃勿错法则看似保守,实际上不等于不进取,不等于让人缩手缩脚不敢作为,只是让人谨慎一些而已,若有一定的交易依据,该出手时还是应该出手,只要谨记积极进取的同时不忘市场风险就可以了。

六、因据而动法则

因据而动法则是指做交易动作不能太随意,要讲究理由和依据,其中道理和"不打无准备的仗"一样。被称为交易大师的江恩曾说过,他没有充足的理由绝不会买入,同样,没有充足的理由也不会卖出。这应该是一个好习惯。有的人做交易凭一时冲动,"拍拍头买入、咬咬牙卖出",或者是"听到传闻就买入,有了情绪就卖出",反正是不重依据,缺乏章法,这些做法是不可取的,交易本来就有风险,随意交易等于自我增加风险。所以,为了减少和避免盲目的操作,就应认可和遵守这个法则,尽量养成因据而动的交易习惯。

要想取得好的投资效果,入市交易一定要注重依据。什么是交易的依据呢?对于一个信奉技术分析的交易员来说,最基本的依据就是图表出现的机会形态信号,至于此形态信号是不是真的机会那是另一个问题,只要你认定它是机会就可以视作依据,由此采取的交易行动就不算是随意交易。要想成为一个好的操盘手或交易员,应该尽可能了解和熟悉这些信号并将它们当作入市交易的图表依据。有些人在对价格走向有所预测之后,为了贪图好一点的价位,常常价格未发他先行,那样做说好听一点是太主动,说直白一点是急躁鲁莽。在价格还没有发动之前,你所有判断实际上都只是一种主观的个人猜测,若仅凭这种猜测就急忙冲进去,不叫鲁莽叫什么?入市如此,出市又如何?其实出市同样需要强调依据,因为进入交易之后,交易者心理压力比交易前大得多,故更容易做出纯粹因心理需要而平仓的行为。出市重视依据,不仅是为了合理平仓这么简单,还涉及风险的有效控制。比如,你入市的依据是因为相信某个"位"能守得住,如果"位"被破了怎么办?假如是一个坚持有依据做交易的人,既然所凭持的依据已经失效,自然会选择出市离场;而不重视交易依据的人,很可能反应麻木,或者侥幸地觉得价格不会走远很快将会回来,因无法做到及时应对而吃大亏。因据而入,亦因据而出,交易好习惯矣。

依据市场信号形态出入市,不仅对当前的交易有好处,对以后的交易也有好处,因为既然是凭图表信号做的买卖决定,那么事后可以根据交易效果来评估和检验该形态信号的可信度,从而逐步提高今后交易的成功率。

七、壮士断臂法则

所谓壮士断臂法则强调的就是交易不利且损失有可能进一步扩大时要果断平仓止损。其道理用一句话来表达,就是"两害相权取其轻"。民间故事说,有人的手指被毒蛇咬了,眼看毒气上攻,立即挥刀断臂。手臂多宝贵,但生命更宝贵,虽然道理是这样,然而砍掉自己手臂的勇气确实让人佩服。壮士断臂是为了生命安全,交易止损是为了资金安全,二者的出发点本质上一样,都是为了防止损失进一步扩大,是丢卒保车。

在千变万化的价格市场,任何人都不可能不犯错。交易犯错既可能是交易员的主观原因,也可能是价格市场变幻莫测的客观原因,不管什么原因,只要价格不按你交易的方向走就是做错了。交易做错方向而因此付出代价也是不可避免的,但人为降低犯错的代价或减少因错造成的损失却是可以做到的,这取决于你肯不肯和敢不敢壮士断臂。发现交易做错了方向,若能当机立断止损离场,虽然形成实际亏损,但此时的损失有限而且在交易者的承受范围之内。如果心存侥幸,不肯忍痛认赔,万一价格一去不回头怎么办?不可否定,有时不理它,待会价格又漂回来了,只是虚惊一场!此时,该不该恭喜你?只论眼前是应该恭喜的,若看远一点,也许将来"爆仓"就因此而起。赌场有句老话:"输钱皆因赢钱起。"如果有人初次赌博就赢钱,或头次偷盗就得手,那么恭喜他就是害他。

金融投资最重要的一环是风险控制,风险控制最重要的手段是及时止损。"及时"二字太重要了,试想壮士如果开始时犹豫不定,等到蛇毒攻心再断臂还有意义吗?同样,止损如果不及时,等到亏损越来越大时,恐怕更难下决心"砍仓"了。要坚持壮士断臂法则,除了要有很强的"丢卒保车"意识之外,还要有不怕暂时亏损、敢于断臂的勇气和决断。

第十二章　交易相关观点

一、关于策略意识

　　交易策略和交易法则一样,都是交易技术所包含的重要内容。做事要讲章法,交易要讲策略。什么是策略?按一般理解,策略就是解决问题的方式方法,是实现目标的行动方案。老子说:"有道无术,术尚可求也;有术无道,止于术。"交易策略是道还是术?应该说,针对偏小的目标,策略是术,针对偏大或复杂的目标,策略就是道。

　　孔明先生足智多谋,在军事上很讲究策略,他经常把事先准备好的、解决问题的各种方案装在小锦囊里交给部下,让他们在适当的时候打开并依计行事,既解决了实际问题,又提升了自己的威望,可见他做事不仅有远见,而且很有策略,最难得的是他事先准备好的应对办法往往是一些堪称最佳方案的策略,让人不得不叹服。其实绝大部分成功人士都是很有策略的人,只会做事不懂策略的人是很难走向成功的。策略有时也是选择,比如过马路,汽车正朝你开过来,你是指望开车的司机减速让你先过,还是宁愿等车走了才过去?这就是最简单的策略思考。司机会主动减速和刹车吗?通常会的,但你不能保证对方不是一个驾驶新手,也不能保证对方不是酒驾或者是疲劳驾驶,在策略思考上,前者是将自己的生命安全交给一个你不认识的陌生人,后者是安全第一,命运自己掌握。

　　金融交易是一件比其他更加需要讲究方法、步骤和行动方案的事情,无论是站在争取获利的角度还是保障资金安全的角度,都需要我们有重视策略的意识。分析技术的高低好坏对实际交易的影响很大,但好的分析还需要有好的操作策略来配合方能发挥其作用,才有机会获取好的交易成绩。一台机器再先进,如果使用它的人缺乏操作技术也无法发挥它的作用,生产不出好的产品。分析技术本质上是一种为交易操作服务的工具,交易者作为使用它的人,当然也要有操作技术,这个技术首先包含的就是交易策略。如果将分析和策略单独拿出来对比,后者可能更重要,因为策略对交易胜算的影响更直接。如果不讲策略而只顾埋头做交易,凭市场感觉和侥幸心理乱冲乱撞,其结果必然是非常糟糕和可怕的。要掌握投资命运,那就一定要想办法研究制定一套适合你自己的交易策略。

二、关于技术观念

市场上,经常会听到关于金融交易什么最重要的议论,有人认为交易意识最重要,有人则说心态最重要,个别还有一些其他看法。应该说,涉及交易者心理和修为的东西虽然也很重要却谈不上最重要,事实上,在导致交易成败的所有因素中,技术因素才是最关键的,论重要性的话,只有技术才有资格排在头等重要的位置。越是技术含量高的工作,技术越显得重要,假如不懂技术或者技术水平太低,其他方面好到"爆表"都没用。那些将运气或心理质素的重要性凌驾于技术之上的说法,其实是一种误导,是一种忽悠。

注重技术是弱者在残酷的市场竞争中生存发展的唯一途径,也是理性投资的必然选择。尤其是普通投资者,本身在市场上是作为弱者存在的,拼资金拼不过别人,拼信息渠道和内幕消息拼不过别人,能拼的就只有技术了。

投资交易需要的技术包括两样东西:一个是图表分析技术,一个是实际操作技术。交易要取得好成绩,这两种技术缺一不可。无论是分析技术还是操作技术,都是制定和实施交易策略的前提,没有技术这个前提,或者说离开技术的支持配合,策略定得再好也是虚的。

客观来说,注重技术是因为技术是成功交易最重要的必要条件,不等于说技术好交易就没有问题了,技术之外还有一些方面也很重要,比如市场观念和交易心理等,但不管怎么说,对于技术,再怎么强调也不为过,因为技术对交易的影响实在是太紧密、太直接了,缺乏技术或技术差的人在这个高风险的市场上拼搏必然会付出痛苦代价。因此,凡是进入这个充满机会和风险的市场的人,首先必须增强技术观念并通过学习尽快提高自己的技术水平,这才是投资正道。

三、关于胜率赔率

讲求交易策略,目的无非是减少交易的随意性,改善和提升交易的效果,这个道理应该不会有什么异议。坦率说,市场中绝大部分的短线投资者也不是随意交易的,他们或多或少都有一些应对具体市况的交易策略,这些策略五花八门,归纳起来有两种,一种是追求高胜率,企求以胜多负少来获取利润;另一种是从提升赔率入手,企求以赢大输小来获得利润。最理想的当然是胜率高赔率也不错,可惜这种交易策略属于高难度的"稀有品种"(如果交易者能熟练掌握多元周期峰级定式交易技术,有机会获得此类稀有品种,这里暂不细述),既然这样,我们不妨先看看追求高胜率的情况如何。

交易通过提高胜率以获取好成绩在理论上是行得通的,实际上却基本行不通。胜率的中间值是百分之五十,一般认为,实现这个胜率没有难度却也没有什么意义。表面上看,交易者要想实现胜多负少是不难的,因为通过一定的技术分析手段做交易,诸如形态分析和趋势判断等,多少可以令胜率有所提升。但在实际操作中,交易者如果不依靠技术分析的帮助,即使百分之五十的自然胜率也不容易实现;要知道我们做交易是有利润预期或目标的,只要将交易和利润预期挂上钩,交易的胜率就会在不经意间下降。一百次交易,其中五十次做错了方向,为了避免损失无限扩大,按照正常处理应该全部止损退出交易。另外五十次做对了方向,但只要交易者有利润的预期目标,那么不管利润目标定在什么地方,价格不可能次次能够如愿到位,总有多次在价格尚未达到预期目标就折返回去,令交易者不得不采取保本或止损的方式结束交易,于是,胜率无可奈何地被打折扣了。可见,提高胜率并不是一件轻松的事。

再说,即使胜率达到百分之五十,如果盈亏的数额相同,则交易者还是亏,因为每次交易要支付税费、手续费,想一想,一百次的费用成本累加在一起有多少,可不是一个小数。由此可以推断,胜率达不到七成以上,获利是谈不上的。所以,用提高胜率的交易手段来盈利不是不可以,而是你必须确实有办法、有本事做到大幅提高胜率,但这很不容易。

胜率说完再说赔率,追求高赔率倒是提高交易成绩的一个可行途径。高赔率是什么? 高赔率就是较为理想的交易损益比。胜率只关心总体交易次数胜多胜少,而追求赔率是既要考虑盈利的额度,又要考虑亏损的额度,同时还得考虑总体上的得失多寡。

要实施提高赔率的策略,需要从两方面入手,一个是控制每次交易的亏损额度,比如主动放弃一些止损距离偏大的入市机会;另一个是将每次交易的利润预期定高一些。这样做符合交易的宗旨,交易的宗旨就是以最小代价换取尽可能多的利润。总之,做法不会错,只是落实起来很考验功夫。

令人颇为无奈的现实情况是:如果提升胜率,赔率就会受到影响;如果提升赔率,胜率就会降低;这是一个很大的矛盾。如果投资者不搬开这个拦路虎,就很难做好赔率这篇文章。怎么办?我们解决这个矛盾的思路和建议是:①适当牺牲一些胜率来换取高赔率是可以接受的;②利用峰级分析技术和定式交易技术精选入市机会,这样的话,将胜率提升到六成以上应该不会太难;③通过合理止损以求输少一些,通过提高盈利期望值以求赢多一些。最后这一点的说法是有原因的,须知很多时候并不是缺少能够赢多的机会,而是因为交易者敢输不敢赢,账面上有利润后,怕得而复失,过早落袋为安,等于把机会给浪费了。

四、关于市道行情

所谓"市道",是指价格走向和价格行情,通常所说的市道其实大多指的是即日市道,它反映和代表当日价格变化的大致表现。即日市道如果严格划分有三种,分别为平静市道、单边市道和上落市道,由于价格不上不落,在窄幅范围内波动的平静市道没有分析及操作意义,可忽略不提,所以人们谈即日市道基本上只提单边市和上落市两种。

将价格的日内表现区分为单边市和上落市,这种分法应该说还是比较形象和准确的。凡是当日价格虽有反复但反复不大,单向发展、趋势明显的市道都属于单边市。凡当日价格表现为上蹿下跳、来回上落、方向无定、市势反复的市道都属于上落市。

既然存在两种市道,那么我们自然也应该有两种不同的操作策略和手法。对付单边市,策略上应该是一旦认准主流趋势,即立马跟随,或破位追市,或借回调寻机入市。对付上落市,策略上应该是确认区间,势疲反手,上下拦截、高沽低渣。

单纯从策略上看,以上策略和手法本身是没有什么问题的,问题是这些策略能够取得好的效果,必须建立在交易员对市道准确判断的基础上,如果市道看错了,这些策略和手法就会引起相反的效果。自行车可以在闹市里转,一级方程车可以在赛道上跑,但两者不能反过来,否则就会出大问题,策略越有针对性,必然越有局限性。在市场上,人们经常会发现,那些在上落市做得好的人,遇到单边市,所赢的钱往往很快输回去;同样,单边市做得好的人,遇到上落市后,所赢的钱也很容易输回去。一个基金经理想招聘操盘手,他打算让每个应聘者直接操盘几天,谁赚得多就聘谁。我们对他说:"如果一个擅长做来回市的人那几天刚好碰到来回市道,他的成绩一定会让你满意,但如果他刚好遇到单边市呢?若对方擅长做单边市,情况同样如此,到头来,你恐怕还是招不到满意的操盘手。"基金经理想了一下,同意了我们的说法。

如何准确判断市道一直是一个老大难问题。没办法,事实出来之前谁能确认价格走什么市道呢?事实上,市道比我们想象的要复杂,比如价格是上午来回走,下午跑单边,这又算什么市道?由于市道很难预先确认,致使人们的交易成绩无法稳定,许多做短线的人因此而感到沮丧,过去的农民是看天吃饭,现在做即市交易是看市道吃饭。其实,如果你无法弄清即日市道,那么最佳策略就是不再理它。对待"万变"的事物,有时反而需要用"不变"来对付,定式操作就是这样一种以不变应万变的办法。定式操作达到一定的境界之后,管它什么市道,统统可以从容应对。

五、关于入市策略

通常投资者之所以会做交易,那是因为他觉得有市场机会,否则不会动手。交易策略如果从时间的角度出发,可以分为入市前和入市后两种类型。

入市交易之前的策略主要是围绕交易机会来考虑的,本书在此提三策,以供读者参考。

(一)不见兔子不撒鹰

理论上,市场每天都有很多的机会,即使只面对同一个交易品种亦是如此,不过很可惜,大部分的所谓"机会"人们只有在事后才知道。事后机会虽然是一种不可否认的客观存在,但对交易员本身却毫无意义,对他而言,只有那些事前能够发现并且具有操作空间的机会才算是有实在意义的机会,这样的机会就未必很多了。一般来说,交易者技术分析水平越高,所发现的机会就越多越准确。

被誉为全美头号职业炒手的林奇说过:"耐力胜过头脑。"这句话夸张了一些,它应该只适合某些特定的情况,不具普遍性。但的确,要提高交易的成功率,除了技术之外,耐性和冷静也是一个很重要的因素。优秀的狙击手和猎人很注意控制自己的情绪,能够做到长时间沉着而冷静地观察,耐心等待随时可能出现的目标与猎物。这个耐心等待就是一种策略,叫作"不见兔子不撒鹰"。市场机会好比野地里的兔子,交易好比猎人手中的猎鹰,如果交易员想改善其交易的胜负比,就须像猎人一样,不见兔子不撒鹰。

(二)真假李逵要分清

《水浒传》中李鬼经常冒充李逵打劫,被劫者以为真是李逵干的,如果不是真李逵回家探亲被假李逵打劫,他还会一直替人背黑锅而不自知。后来,李鬼成了假冒伪劣的代名词。市场也有很多李鬼,就是那些看似机会实是陷阱的图表信号。价格市场中的机会(尤其是短线机会)绝大部分都是朦胧机会。对交易者来说,看对了当然是机会,要是看错了,那就是机会陷阱。这是一个非常困扰人的问题,它使我们做交易不得不谨慎行事。交易员应有"宁弃勿错"的意识,凡是看不清或感觉把握不大的机会都要慎重,反正只要市场存在一天,机会有的是,不存在"机不可失,时不再来"这回事。

不过,事情还有另一面,即谨慎行事固然减少了风险,却也不可避免会造成大量机会的流失。因为很多时候市场机会如同白驹过隙,常常是一闪而过的,没有多少时间给你慢慢分析。所以,交易者必须尽可能去了解和熟悉各种机会形态和入市信号,平时要多做一些分析比较,实战中多做总结,这样才能提高自己鉴定机会真伪的水平。对此也用一句话来概括,就是"真假李逵要分清"。

(三)该出手时就出手

如何充分利用机会? 面对可能的机会,交易员谨慎一点没有错,但也要有敢作敢为的气魄,否则即使机会出现,如果你行动不果断、犹豫不决、婆婆妈妈,就会眼睁睁看着机会从你面前瞬间流失。我们不赞成冲动交易,但并不反对果断出手。虽然在事实出来之前，所谓的机会只是一种可能的机会，但十足的、无变数的机会是不存在的，交易或多或少都会有一定风险，如果追求完美的话，怕要等到猴年马月或事实已经出来。因此，交易员面对那些有图表信号依据的机会或按照定式操作时，不妨稍微"心狠手辣"一点。关键是止损措施要跟得上，这样万一看错了也不怕，相比起因犹豫失机而导致"目送行情、望势兴叹"的懊悔，这小小的风险和代价应该是值得的。再用一句话来概括，就是"该出手时就出手"。

六、关于出市策略

有人会问：交易之后还要讲策略？当然！交易前有交易前的策略，交易后有交易后的策略，两者各管各。交易之后的策略实际上包含了持仓策略与出市策略，内容更多。供参考的有四策，主要针对股指、期货和外汇市场的交易（当然，做股票也可以参考）。

（一）认真对待勿分心

交易员在入市之前，即使心不在焉也不会带来什么得失，反正价格再怎么变化都不关他的事；然而入市之后就不能随便分心了，因为价格变化已经与他的利益息息相关。做短线和做长线不同，尤其日内短线即使做对了方向，也要专心对待，有什么风吹草动才能够及时做出反应。要知道，市场什么事情都有可能发生，价格形势有时说变就变，说不定去个洗手间回来价格就已经变得面目全非了。因此，一旦下了交易单，就应该专心关注，心里尽量不要再想着其他事情，没有特别需要，不要轻易离开，最好连电话也少接、少打。市场就像大海，你做的交易单就像小船，如果掉以轻心，等船翻了就追悔莫及。

（二）既定方针莫轻改

交易员在入市之后，假如做对了方向账面出现盈利，要有"宜将剩勇追穷寇"的气概，要经受得住价格正常振荡和小幅回调的冲击，若没有充分的理由，设定的目标和既定方针不要轻易改变。通常大部分的输家有个共同的特点就是"敢输不敢赢",见一点蝇头小利就恨不得立刻抓在手上,生怕"煮熟的鸭子飞了";输的时候却希望奇迹出现、咸鱼翻身,甚至直接来个"死猪不怕开水烫"。香港人给此类输家六个字的写照,就是"赢粒糖,输间厂"。

"做错输多易,做对赚多难!"凡是有短线操作经验的人都有这样的体会,就是好不容易做对了方向,但价格突然往回走,使本来可赚到的账面利润消失殆尽,变成"空手而归,到此一游",有时甚至还"反输"。这种事情经历越多,对价格的折返就越容易"神经敏感"。所以,在手头交易单盈利的情况下,放任和忍受价格往回走也是一件考人心志的事,哪怕价格可能只是正常的振荡。有人曾经这样比喻短线操盘手:"能经受一次回调的是小学生,能经受两次回调的是中学生,而经受三次以上的回调,仍然坚持不出反转信号不平仓的则是大学生。"所以说,"撑死胆大的,饿死胆小的"这句话也不是完全没有道理的。

(三)利润丰厚先落袋

即使是做短线也并非每次都是小利、微利,遇到价格波动幅度大或单边市,假如时机把握得好,一样有机会取得相当不错的账面盈利。账面盈利在你未平仓之前还不是真正属于你,因为价格如同过山车般回到起点的情况并不少见,香港恒指期货就试过一分钟内价格升超四百点(相当于8万元一手的资金,一分钟就涨了2万元)之后又急回二三百点的情况。所以,在手头的交易单有丰厚利润时,应适当控制自己的贪欲,在市势出现反复时及时平仓,将胜利果实拿到手再说。这种情况的"落袋为安"和见到一点微利就急急忙忙平仓了结的做法在性质上是不可相提并论的。

(四)暂时失利暂停手

交易出现失误和亏蚀是正常和不可避免的事情,但很多人虽然明白这个道理,实际操作中却总是对交易的暂时失利懊悔不已,不能以平常心视之,往往因急于挽回损失而失去冷静,结果一错再错,输昏了头。一桩交易在平仓了结之后,不论输赢都已经是过去的事,既然是无法改变的事实,多想无益,耿耿于怀只会给接下来的交易带来负面的心理影响。因此,如果发现自己因为之前的失利影响了心情,最好是立刻脱离市场,停手反思,直到心情完全恢复为止。

七、关于决策自主

在金融投资市场，个人投资者每天不光面对商品价格，难免还会接触一些具体的人和事，这些人和事有时会不知不觉地直接或间接影响你的交易。例如，在公众传媒上，不时会有一些不负责任的言论，他们的出发点是好是坏不知道，反正会对普通投资者造成负面影响。因此，投资者进入市场后，买什么，卖什么，什么时候买，什么时候卖，必须学会自己拿主意，尽量不要依赖别人。如果不想被人忽悠，就需增强自主观念，自己的投资自己作主。对报纸和电视里的股评或权威人士的意见，只宜适当参考，不可轻信，更不要迷信和盲从。

记得"中石油"上市之前，市场上对该股票又吹又捧，有意无意地为股民画了幅诱人的图画。于是，股票一上市，有不少股民争相买入，股价不但没有如愿上升反而急剧下跌，许多股民损失惨重。所以，做交易不能轻易受他人影响，以至被别人牵着鼻子走而不自知。如果觉得自己水平还不够，与其依赖别人，不如在学习技术上多花点时间，多下点功夫，此谓"磨刀不误砍柴工"，又谓"平时多流汗，战时少流血"！

八、关于交易陷阱

金融交易隐藏有交易陷阱是一件大家都知道的事情，这些陷阱有些可能是自然形成的，大部分却是人为制造的。人们通常所说的庄家，即那些有能力影响价格甚至操纵市场的资金主力，就是人为制造陷阱来收割散户的始作俑者。庄家有黑白两种，对大众投资者影响较大的是那种被称为"操纵价格者"的"黑庄"。黑庄在伤害中、小投资者利益的同时也在蚕食和破坏整个游戏规则，庄家当然也明白这一点，因此一般不会明目张胆地违规违法，大多数时候是藏头遮尾、暗中操作，其手段的五花八门，阴险狠辣，不足为外人道。对于这种连监管部门都经常奈何不了的市场大鳄，最好的应对策略是两个字：一个是"避"字，一个是"跟"字。为什么要避呢？没办法，别人各方面实力比你强得多,而且躲在暗处,其翻手为云、覆手为雨,我们也无可奈何。所以,既然惹不起,只好避之。而说到"跟"字呢,或者很多人会觉得"避"的办法太被动,应该主动跟庄并争取分一杯羹,没错!这就是"跟"的策略。散户们虽然对庄家心理上痛恨,行动上却巴不得亦步亦趋。这也是没办法的事,毕竟做交易不是为了斗气,谁也不是为了什么高尚的目标,无非为了获利而已。

其实,黑庄也未必每次都能随心所欲,他们有时也会搬起石头砸了自己的脚,当价格操纵出现失控或受到监管时,黑庄一样也会输得很惨。索罗斯的量子基金有一次沽日元,一天就输掉了六亿美金;亚洲金融危机时索罗斯的量子基金联合老虎基金等国际游资阻击港元港股,受到香港特区政府的全力反击,结果铩羽而归。至于国内黑庄,失控而栽跟斗的例子就更多了。散户的实力虽然微不足道,汇聚起来也可以成为滚滚洪流,绝对不容忽视。另外,庄家还要顾忌政府的监管部门,甚至有时还要提防同样躲在暗处的其他大鳄的攻击,因此,庄家"大鳄"能量虽大并不等于可以在市场上为所欲为。至于广大投资散户,如果不想被骗被宰,就要在时刻保留几分警惕的同时,学会在大户们兴风作浪时适当"避之"和"跟之",这就是陷阱应对策略。

能否鉴别交易陷阱是实施应对策略的前提,靠市场感觉和个人经验鉴别不如看图表,最常见的图表陷阱是假破,过程是先破位,后杀"回马枪"。还有就是先营造让人因为必升或必跌的图表错觉,再来个反其道而行之。

九、关于交易得失

对交易策略影响较大的除了技术观念之外,还有一个是如何面对交易得失的问题。不管水平高低,交易总会有输有赢,优秀的交易员应该要有好的输赢观。假设实力相同的甲乙两位选手上场竞技,如果某一方特别想赢,大家未必看好他,为什么?因为双方实力相同时,背上输赢包袱、过于看重结果的选手往往会输给对方,这样的例子很多。金融交易也一样,如果交易背上输赢包袱,就会在交易的过程中过分想赢怕输、患得患失、自失方寸,结果往往是有机会赢时赢不了多少,轮到输时输得很惨。虽然每个进入市场的人,主观上都希望自己能够赢,若是明知会输,谁也不会冲进去,但做交易输赢是客观现实,不因人的主观愿望而改变。所以,要逐渐学会用平常心来看待输赢,否则有再好的策略也不顶用。

交易的目的是赚取价差,想实现这个目的就需要坚持理性操盘。每次交易之前,在思想上和措施上要做或输或赢的两手准备,入市之后则严格按照预定方案处理,该走就走,该守就守,打得赢就打,打不赢就走。如果能坚持这样做,不仅交易成绩会提高,交易者的心理质素也会好起来。

第十三章　趋势应对策略

一、游击应对

价格运动存在趋势,在趋势面前,顺者昌,逆者亡。因此,"顺势而为"长期以来都被奉为金科玉律,相信市场对这一点不会有太多异议。然而,虽然价格运动存在趋势,但趋势事实上是一种反复交替、时有时无、时暗时明、时强时弱,经常变来变去难以捉摸的"怪物"。那么,针对这个"怪物"应该采取什么样的策略来应对它呢?当年毛主席在敌强我弱情况下提出的十六字方针游击战术,我们不妨好好借鉴一下,因为那是一种被斗争实践反复证明的、非常明智和非常有效的战术。用游击战术的方式来应对趋势,就是意图通过灵活的手法来把握趋势。

二、势暗宜观

势暗宜观就是说,趋势不明朗时最好是按兵不动,多做观察为宜。何为势暗?很简单,凡是看不懂的市况以及难辨方向的趋势,你都可以一律把它视作势暗。这样处理是符合入市谨慎原则的。也许有人担心会因此而错过了某些机会,没必要,因为你看得懂的机会才是机会,看不懂的机会对你来说就不是机会,何况你只是错过而已,实际并没有什么损失,有道是东方不亮西方亮,无论股票市场、期货市场还是其他市场,无论投资还是投机,只要资金在手,根本就不愁没有机会。俗话说："大丈夫有所为有所不为"，既然趋势暗而不清，轻举妄动必然容易犯错，其理与打仗相同，不明情况勉强出击不是勇敢，而是莽撞。

三、势明宜跟

势明宜跟就是说，趋势明朗时入市跟势，这样做符合顺势而为的理念法则。有些人在趋势初见端倪时不敢做，等趋势明朗时又嫌入市价位不理想，于是，犹豫之间错失了良机。其实，有没有趋势及趋势明不明朗，应该是以趋势将要或正在发生时的分析判断为主，要是等明显的事实结果出来以后再判断那就是事后诸葛亮了。交易本身算是一种勇敢者的游戏，只要你对自己的分析方法有信心，而且抱着对则赚之，错则跑之的态度，不妨大胆一点。

实施势明宜跟策略，有一个重价还是重势的问题。理论上，"势"任何时候都比"价"重要，既然选择趋势明朗之后才入市，就不能太计较入市价位，关键是趋势看得准不准，若趋势看错了，价位再好还是要亏。有得必有失，做交易有一定的策略和图表依据就够了，其他没必要太过追求完美。重价不重势的人，即使不被市场淘汰，也很难获得交易收益，因为其交易的指导思想已经错了。

四、势强宜追

势强宜追就是说，价格趋势表现出强势时大胆顺势追市。股市有句话叫作"宁买当头升，不买当头跌"，意思是跟着强势走胜于去冒险捞底。追强势的好处是风险相对较低，首先不必担心做错方向，其次，价格在处于强势时突然反转的情况毕竟不多，有一定的安全保障。当然，追强势也不能一门心思只想着进攻，即使方向比较明确，仍须保留攻不忘守的意识，止损等应变措施要跟上，不怕一万就怕万一，毕竟强势也是有真有假的。追强势需要一点胆量，但不可过分，如果发现较佳介入时机已经错过，就应考虑放弃，否则很容易发生"山顶上买，山脚下卖"的尴尬情况。

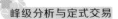

五、势弱宜退

势弱宜退就是说,之前追势所做的交易单在价格趋势由强转弱之后先平仓离场。之前的交易单有利润则"落袋为安",即使没有什么利润,既然趋势转弱,也应该先行退出以规避风险。

趋势转弱通常是两种情况,一种是"进攻受阻,暂时止步";另一种是"进攻尾声,随时掉头"。不管是哪一种情况,鉴于价格趋势是否继续发展已经难以确定,先行离场不失为一种稳健的操盘思路。至于势弱的判断和确认,其准确性取决于交易员自身的技术分析水平和实战经验,趋强避弱只是一种操盘的策略和战术意识,实战时尚须具体情况具体分析。

六、势转宜变

势转宜变就是说,如果发现趋势出现反转,可以考虑做反手,这同样符合顺势而为的法则。做反手是有前提的,前提条件就是你所参与的市场必须是那种有做空机制的双边市场,比如现在的期货和外汇市场,国内股市是做不了反手的,因为它没有做空机制。

对转势本身,存在两种理解,一种是从长线角度理解的转势,另一种是从短线角度理解的转势。如果你是做长线,小趋势的扭转你可以考虑不理它;如果你是做短线,即使是小趋势的反转也不能置之不理。另外,做反手还有一个前提是知道如何去确认转势,否则,做反手就变成了危险的逆势操作。至于如何发现和确认转势的方法,前文已经做过详细介绍,此处不再重复。

七、突破跟进

价格运动发展存在趋势,谁能把握趋势,谁就能斩获利润,这一点是所有市场中人都认同的最基本常识,然而,趋势哪有那么好把握,那是一件高难度的事情。于是,许多人把解决难题的思路放到交易策略上来,其中最常见的两种交易策略,分别是"突破跟进"和"摸顶抄底"。两种都属入市策略的范畴,且都有一定的参考价值,下面先说说突破跟进。

所谓突破,基本指破"位",如图 13-1 所示。我们都知道,K 线图上有许多价格拐点,这些拐点大多数是无足轻重的,但总有某些价格拐点会被市场上广大交易者重视或顾忌,如股评常说的"支持位"和"阻力位",此类被人看重的拐点就是所谓的"心理关口位"。一般来说,针对这些价位,多空双方争持会比较激烈,一方试图突破它,一方力求守住它,越是表现得坚固和难以突破的价位,一旦守不住,藏于"位"后的止损盘就会被触碰而变成助燃剂,同时外围观望资金因胜负已定趁机蜂拥而上,更是火上浇油,故而经常的情况是突破方"得势不饶人",防守方"兵败如山倒"。市场逻辑是强者的意愿代表市场意愿,这就是"突破跟进"的策略依据,也是"突破跟进,破位追市"的基本理由。

同样是突破跟进,有些人喜欢"拣饮择食",有些人则习惯"逢破必追"。我们认为,拣饮择食比逢破必追好一些,因为逢破必追缺乏技术含量,稍有市场经验的人都知道,有些"位"被破之后价格会往前走,而有些则不会,稍微往前走一点就被"打回原形",遇到不时出现的假突破陷阱,如果不问青红皂白地跟风杀入,结局必然是"偷鸡不成蚀把米"。所以,虽然突破跟进的入市策略基本符合顺势而为的法则,却也不能蛮干硬上,需要有所选择和讲究手法和技巧。

还有一点,破位跟进之后,要是价格往回走,是不是应该马上平仓退出来?倒不一定,因为有时可能只是正常的破位回抽,这也是很常见的情况,要是你被吓跑了,万一后面还有一大段,岂不气人?那要不等待价格"回抽"时才杀进去?这当然比较稳健,利用破位回抽"偷张"入市(偷张一词来源于麻将术语),价位好一些(如图 13-2 中 b 点后粗线所示),起码缩短了止损距离,只不过,虽然大多数突破有张可偷,但亦有一些突破是无张可偷的(如图 13-1 中粗线所示);另外还存在偷多偷少的分寸思量和存在"偷张不成反踏空"的担忧,这又是一个要讲究技巧的问题。所以,运用突破跟进的交易策略,并非单纯够胆就可奏效,它对交易员的经验、技术、反应能力以及心理质素都有一定的要求。

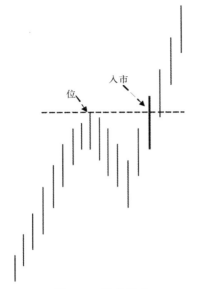

图 13-1　破位追市

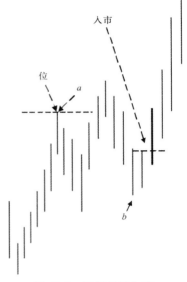

图 13-2　回调偷张入市

八、高摸低抄

所谓"高摸低抄",就是平常所说的"摸顶捞底"。这种交易策略被普遍认为是违反顺势而为法则的危险操作,其实作为一种交易策略技巧,也不是没有可取之处,不能一概而论地否定,尤其在来回市道时,这种做法有时也能取得不俗的战绩。

从分时图可以看到,大多数时候,不管当日的主流趋势是上升还是下跌,期间不乏价格的大幅上落,至于来回市,价格更是来回拉锯(如图 13-3 中 AB 区间所示),上下拦截看上去的确危险,但若能判断出当日为来回市道并且拦截得当,运用这种交易手法亦未尝不可。

高摸低抄可能是实操难度最大的交易手法,无论是市道判断还是拦截时机的把握都很不容易,还有在心理方面对交易者也有要求,须知进入交易的那一刻,他实际上是在做逆势而为的事,故没有一点拼搏精神是不行的。这里有必要强调一下止损,承受多少账面亏损应预先设定好,当情况不利时,更要有敢于壮士断臂的勇气和决断,否则,万一价格突然转变为单边走势就亏大了

（如图 13-3 中的 a_1 或 a_2 所示）。所以,高摸低抄实在是一种带有富贵险中求意味的交易策略,这也许是它不受大部分做短线的人喜欢和接受的根本原因。

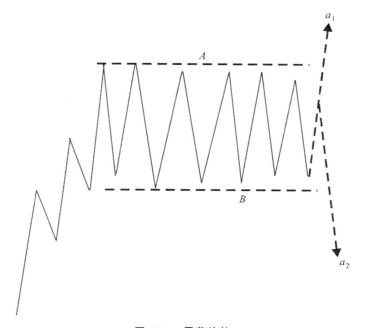

图 13-3 震荡趋势

第十四章　定式交易操作套路

一、短线操作套路

　　外汇和期货等实行即日结算的市场,绝大部分商品每天的最高价和最低价之间的落差其实并不小,在其日常上上落落的价格变动中,包含有不少适合短线操作的投资机会;正是因为这个客观存在,许多人加入短线交易的行列。但所有人加入这个行列之后都会发现,要说机会确实不少,就是难以把握,似乎无论怎么做,到头来交易成绩还是上不去。这到底是怎么回事呢? 原因当然有很多,其中价格变化实在太复杂、太难把握是公认的客观原因,不同看法主要是在主观原因方面。有人强调分析技术,有人强调操作技术,有人强调心理质素,甚至还有人强调运气因素,这些原因都有一定的道理,相信大家都能明白和理解。问题是,一些堪称心理质素和分析技术都不错的人也同样无法取得好的交易成绩,令人很容易产生这样的疑惑:难道短线交易真的是一座不可逾越的、可望而不可即的高山? 对任何悲观的情绪我们理解,不认同的是悲观的结论。其实,还有一个很重要,也可以说是很关键的原因,估计许多人不知道,这个原因就是交易缺乏套路。

　　热爱中国武术的朋友都知道,几乎每一种流派的中国武术都有套路和技击散手之分。一般人都知道,从技击角度出发,套路只是好看不好用的“花架子”,真正打起架来主要还是靠简单而实用性强的“散手”,因为技击散手本身是专门为打架而设计的,称得上是搏击术中的精华。但金融交易和武术格斗刚好相反,它是套路远胜于散手。没有套路的交易者,他的交易就像游击战中的骚扰战术,这里打一枪,那里放一箭,这种游击交易方式要求交易者在分析和操作等方面功底扎实,技术比较全面,否则赢面不高,甚至是亏大于赢。在金融交易中,如果胜负比没有大于六成,赢亏比达不到三比一以上,扣除手续费之后,基本上是输钱结局,即使能做到总体上不亏,剩下的也没有多少利润了。所以,必须找到更好的方法,问题是真有这样的方法吗?我们认为,有的,定式操作就是。

二、交易定式概念

交易定式作为一种交易套路,到底有什么优点呢?我们说,当市场交投活跃时,价格变化虽然复杂,但从可操性的角度去看只有两种类型,一种是"看山不是山,看水不是水"的诡异飘忽走势,这种走势产生的机会形态因为难以捉摸,故属于可操性不强的类型;另一种是"看山就是山,看水就是水"的"中规中矩"的常见走势,这种走势常会产生一些有迹可循和后变可预的机会形态;定式操作专门瞄准的正是这类机会形态。对于具有可操性的机会形态,交易者可从中筛选出自己相对信任和熟悉的形态,然后为它"量身定做"一套包括入市出市及止损在内的预定计划,这么一个计划我们把它称为交易定式。

其实,交易定式的优点不仅仅是交易对症下药、针对性强,它最主要和最能体现其价值的是它的可重复性。试想,一个预先设计的交易套路,自然是降低了偶然性,增大了必然性,提高了交易胜算,如果在实战中证明确实效果不错的话,使用者就可以经常在市场上运用这个套路复制成功,利用那些特定且常见的价格形态继续谋利。

三、定式操作理念

什么是定式操作?简单来说就是八个字:"特定形态、固定手法"。特定形态指图表中价格变化的某种特定的机会形态,固定手法是指专门针对该特定形态所做的稳定的交易策略。

市场短线交易的手法五花八门,可谓"蛇有蛇路,鼠有鼠路,蟾蜍无路,一跳三步"。虽说各种方法各有长短,但不成套路的交易方法始终无法和定式操作相比。我们提倡用交易定式进行交易操作的理由是充分的。其一,市场上机会很多,但诱惑和陷阱也很多,有些机会形态可以做,有些机会形态须要放弃,定式等于是把最适合交易的机会形态固定下来,避免了许多不必要的损失,提高了胜率。其二,众所周知,价格经常是快速变化的,这点对长线投资者来说不算什么,但对短线交易者来说就是一个棘手的问题,因为没有足够的时间让你分析状况和思考对策,往往是稍做犹豫便错失良机,要不就是果断杀入之后却发现上当受骗。定式交易则不同,它打的是伏击战,凡是不符合定式预定形态的置之不理,符合的才动手,临场不用左思右想,只需按章出牌即可;相对于其他手法,不仅效率高,实际效果也好。其三,交易定式不仅固定了目标形态,也固定了操作手法,可谓是以不变应万变,若该定式自身不佳不能制胜那没的说,而如果该定式制定得好,应用它果真能取得预期效果,那么交易者能做对一次,就有机会做对第二次、第三次;这等于在某种程度上实现了交易成功的有效复制,要知道,对于一个普通投资者来说,在交易中实现盈利复制是不容易的,不管从哪个角度看,那都是一种重大的、质的飞跃! 这一点才是提倡定式交易最大的理由,如果一个交易者手头有多几个这样的交易定式,那么基本上,他现在即使不是赢家,但离赢家也不远了。

运用交易定式进行实战操作,成败关键在于交易定式本身的优劣。所以,定式交易第一步也最关键的一步,就是定式设计,把定式设计好,其他都相对好办。

四、定式设计思路

要跑火车,就要先修铁路;要搞定式操作,就要先设计能够盈利的交易定式,就是说,能否设计出高水平的、适合操作者个人风格的交易定式是实现高胜算交易的先决条件。交易定式不是凭空想象或灵机一现可得,它需要设计者对大量图表历史数据进行分析对比,根据自己的市场实践经验悉心设计,建立初步模型之后再反复验证。交易定式是设计者思想、理念和经验的浓缩,好的交易定式除了所针对的目标形态有一定的出现概率外,它必须能够基本符合市场逻辑,符合价格变化的一般规律。如何评价定式的优劣好坏? 应该说,好的交易定式要具有针对性强、准确性高、纠错成本低、总体能盈利等特点。

正常情况下,交易者有四个选择直接影响交易效果:①交易方向选择;②机会形态选择;③入市价位选择;④出市价位选择。其中交易方向选择在定式设计中可以不管,那是交易前才需要考虑的事情,况且机会形态本身就有方向暗示。所以,定式设计只需围绕以下三个方面来考虑就行。

(一)机会形态

下功夫寻找 K 线图表上特定的机会形态是定式设计的第一步,需要优先解决。市场上让人看上去"具有短线机会"的形态很多,其中有真有假、有好有次,真正符合设计要求的形态其实并不多;故定式设计时,选择哪一种特定形态要分析比较,去伪存真。可以说,形态选得好,你的定式设计已经成功了一半。

机会形态的选择除了在"机会"二字上下功夫外,还要考虑几个问题:一个要考虑该形态的出现概率,最好不要选择那些很少出现的价格形态,这会浪费太多的等待时间。再一个要考虑操作难度,有些形态不好操作,不宜选用。还有一个要考虑的是利止损性,止损位难以确定或入市位与止蚀位距离太远的形态也不宜选用。至于获利空间,虽然不同形态之间的确有所区别,但跟交易方向一样,是运用定式及具体操作时才需要考虑的事,不属于定式设计该考虑的事情。

(二)入市价位

在交易定式中,适宜入市的机会形态确定之后,接下来就是选择入市价。面对市场的入市信号,通常有两种操作手段,一种是"抢",一种是"偷"。"抢"就是不计较价位好坏在第一时间抢价杀入,"偷"就是利用价格的震荡节奏选取好一点的价位。前者入市价位稍差却不会错过行情,后者入市价位稍好却有可能失机。从效果来看,有时候志在必得,抢价杀入是对的,有时候不必太急,缓一缓更好。总之"针无两头利,世事无完美",两种做法各有利弊,究竟如何选择,应该根据形态的具体特性及交易员自身的交易习惯和交易风格而定。另外,交易品种的特性也在考虑范围之内,有些品种可以"偷",而有些品种必须"抢"。但必须强调一点:不管如何选择,一旦决定以后,就应把它明确固定下来,不要轻易改变,否则在实际操作时既容易因犹豫不决、患得患失而延误战机,亦不利于事后对定式实战效果的评估与总结。

（三）出市价位

一个只顾入市而不顾出市的定式不是一个好的交易定式，最起码不是一个完整的交易定式，因此，出市策略也需要预定，不仅不能缺，而且还要充分讲究。

在一个交易定式中，入市的最佳预定价位只有一个，而出市则至少要有两个。我们都知道，几乎任何价格形态都有随时向上或随时向下变化的可能，既然交易有两个可能的结果，那么定式中的出市价位自然也应有两个。

定式中第一个出市价位是止损价，即入市后价格不按预期的方向发展时防止损失扩大的出市价位。没有止损定位的定式是残缺和不合格的交易定式，只顾进攻，不顾防守，这样的手法不要也罢。合理止损，不但是做交易的保护伞和壮胆剂，在某种程度上也是成功交易的催化剂。止损放什么位置，不仅关系到交易的成本，而且直接影响交易定式的成功率和效率，投资者为自己设计定式时切不可等闲视之，随便而定。止损位的选择其实是一件技术含量并不低的事情，这个环节有难度，却必须妥善解决。具体如何选择，在一定程度上反映了定式设计者的图表分析技术及其对市场和价格变化原理的理解，同时也反映了设计者风险控制的能力。合理的止损定位有弹性及硬性两种（后篇有专题讨论），一般来说，形态分析周期短的敏感型短线交易，如图表选择为五分钟图或十分钟图，定式最好不要做弹性止损，因为弹性止损虽然保留随机应变的机动，却容易有因为反应跟不上价格的快速变化而造成止损失机或止损失败的情况。所以，应尽可能采取硬性止损。硬性止损也有定位、定量和定时三种选择，原则上应优先考虑定位止损，其次才是定量，最后收市平仓则是定时。

定式中第二个考虑的出市价位是获利平仓价，即入市后价格按预期方向发展时锁定账面盈利的出市价位。在进入交易到结束交易的整个过程中，交易员总要承受一定的压力，初时是担心亏损，而当交易单出现浮动利润时，又担心价格折返使盈利消失甚至反输。鉴于交易员在市场压力下要做到理智和恰当地出市着实不容易，故有必要在定式中加入交易顺利时的出市预案。

考虑获利平仓价的设定有两种思路，一种是"见好就收，落袋为安"，这样做是依靠高胜率获利。另一种是有"有风使尽舵"，不见价格掉头信号不平仓；这样做虽然难免有时候会被"打回原形""到此一游"，但毕竟按信号来做有根有据，比较客观，虽然这样做的代价是牺牲胜率，却有机会"吃尽行情"；往往一次大的获利就能把平常的小亏损补回来。总之,两种考虑各有利弊,具体选择哪一种合适,设计者可根据自己的交易策略和交易风格来定。

五、定式设计原理

要设计出能够盈利的交易定式其实是一件很有难度的事情,我们觉得,除了要有好的思路外,还需进一步了解设计原理。对定式设计的原理,此处不妨以日常生活中的锁为例来说明,也许更容易让人明白。

(一)择锁原理

择锁原理是指对机会形态要有所选择。价格形态复杂多样,就算按相似原则进行简化分类也不容易分清,要全部了解它们不仅困难而且没有必要。按照正常逻辑,做交易应该根据不同的价格形态,对应采取不同的买卖操作。道理似乎没有错,实际上是想当然,不现实。并非所有的机会形态都适宜交易,有的是因为可操作空间太小,有的是因为潜在风险太高,有的是止损距离太大、损益比不合算;等等。凡是不"挑食",见机会形态就上的做法不排除有偶尔会成功,然总体上不可能取得好的交易效果。制定交易定式,要抛弃任何不现实和理想化的想法,生意场上有句老话叫"不熟不做",即使技术再高、经验再丰富的天才,也无法做到"兵来将挡、水来土掩"的潇洒境界,也得有所选择和取舍。因此,应该尽量选择自己熟悉的信号形态来做交易,这样失误才会少一些,成功才会多一些,既提高了交易效益,同时也降低了风险。

交易者面对各种价格形态,有所为有所不为是必须的。专门挑选自认为合适的机会形态作为待用交易对象,这就是制定交易定式中的择锁原理。

(二)择匙原理

择匙原理的实质是针对什么锁来定什么钥匙。定式中不做那些"放诸四海而皆准"的东西,要根据特定形态信号选择具有针对性的交易策略,就是说,不要指望配一把适合各种形态的万能钥匙。价格变化有各种各样的变化形态,理论上,每一种价格形态都有一种与之对应的最佳买卖策略,这个最佳买卖策略有点像象棋中的"正着"。"正着"者,最佳应对着法的意思。既然将各种价格形态理解为各种各样的锁,那么对应的最佳买卖策略就是开锁的钥匙,"特定的钥匙开特定的锁"。总之,不追求万能,只求"最佳应对",这就是择匙原理。

(三)认锁原理

认锁原理的实质是成功交易的可重复性。假设我们用一种对付某种多见形态的交易策略来操作时能够取得好效果,胜多负少或盈大亏小,那么,我们只要把这种特定形态连同具体做法作为一个交易定式固定下来,交易盈利就有机会得到复制。掌握这样的交易定式,交易员操作起来就比较轻松和主动,目标形态不出现时,按兵不动,什么时候出现了,立马杀入,好比手上拿着一把钥匙,专门认准某种锁来开。那么其他多见形态怎么办?那就设计另外一个定式,反正一把钥匙开一把锁,一种策略手法应对一种特定形态,所谓的认锁原理,说的就是这个意思。

六、定式设计原则

市场虽然存在各种影响价格的因素令价格走势复杂多变,然而如同历史会重演一样,有些被证实过的机会形态同样会重现和继续得到证实,定式设计的任务就是找到它们并且利用它们。因此,定式设计的指导思想是:寻找高概率的机会形态,选择最佳或者说最合适的应对方案。

为了让交易定式具有实战意义和价值,同时具有可复制成功的特性,在此提出三个设计原则即三个目标追求。

(1)元素清晰:交易定式包含 3 个必不可少的元素,即介入理由、入市价位和止损价位。要求定式中三个元素最好是明确清晰的。

(2)使用率高:指形态对象经常会出现,而不至于"机会难得,千年等一回"。

(3)操作简单:要求在正常情况下没有什么实施难度,即在实际交易中具有可操作性。

以上设计原则只是一家之言,仅供参考。

七、定式修补提升

交易定式的设计不能也不宜一步到位,通常要经历三个步骤,可简单概括为三个词:"初定""验证""修改"。

定式的初步制定可以说简单,也可以说复杂。所谓简单,就是只要将你熟悉或有信心的图表信号形态挑选出来,想清楚具体、适当的买卖策略,然后把它固定下来,一个定式就出来了,似乎真的简单!所谓复杂,首先是挑选合适的机会形态没有想象的那么容易,过程中需要反复地对比,细致地推敲。另外,制定适当的买卖策略这一点,同样需要认真细致地推敲,其中涉及设计者本身的经验、分析技术和交易智慧。总之,纵使定式只是初定,也不可能轻松获得,更不能指望一蹴而就,总得下点功夫。

定式初步制定之后,就到实践验证这一环。之前或许也利用图表验证过,但那毕竟是图表作业,跟实践验证不可相提并论,因为前者是静态验证,后者是动态验证,俗话说是"来真的"。定式验证包含以下内容。

(1)机会形态的选择有无问题?

(2)确认机会形态的条件参数是否合理?

(3)交易思路和应对策略是否恰当?

(4)定式本身是否适合所交易的品?

初始定式在通过模拟操作或直接交易实践检验之后,就要对其合理性、实践可行性及胜负盈亏特性进行分析和反思,然后对症下药地修改,这是定式提升需要做的事情。

定式的修改和初定时的思路一样,应尽量争取满足确切性、可操作性以及可重复性这三个原则要求。对定式反思时,应把偶然因素和操作失误等非真正关联因素剔除出去,否则完善不成反被误,那该多憋屈?另外,成功需要磨砺,亦需要代价,定式不如人意时不要悲观泄气,假如实在改不好,那就换一个目标形态,不必在一棵树上吊死。

八、定式操作细节

实行定式操作，就是要改变事前没有规划的随机交易习惯，通过对机会形态的精挑细选和对交易行为的规范，以求实现提高短线交易的胜负比或盈亏比的目的；同时谋求建立能够多次制胜的盈利模式。这里需要明确一点，拥有一套低风险、高回报交易定式只是一个良好的开端，只能说是有了一个持续稳定获利的基础，一个好的开端，后面还有一个执行好坏的问题，因为交易定式是由人去设计，亦由人去执行的，有了好的交易定式之后，交易者的执行力就成了交易成绩好坏的决定因素。我们都知道，一件好的获利工具在不同的人手中会产生不同效果，手拿宝剑输给菜刀的事情并不奇怪。所以，交易者如何执行定式不是一个可有可无的问题，应该得到重视。

定式交易要想取得预期的满意效果，除了要制定高胜算的交易定式外，对交易者有四个基本要求。

（一）状态要好

实行定式操作，需要对稍纵即逝的信号形态做出快速反应并在入市之后保持高度关注，过程中要求交易者身体和精神保持良好状态，如果身体不舒服或者心情不好，最好暂时停止交易，以避免操作变形或人为失误带来不必要的损失。

（二）耐心要够

定式操作的实质是"见机而为"及"依计行事"，要讲章法，讲步骤，讲切入时机，"心急吃不了热豆腐"，故操作要有耐心。由于定式操作所要求的先决条件是某种特定机会形态，而这种形态却未必会频繁出现，在它未出现之前，要按兵不动，耐心等待；在等待期间，难免会看到一些其他的短线机会形态出现，这时候要经得起诱惑。另外，不仅入市要有耐心，出市也要有耐心，不要账面上稍有亏损或稍有盈利就"跑出来"。耐性也是一种可贵的个人质素，如果你缺乏这种质素，最好赶快下决心培养练就，否则有再好的定式也用不好。

（三）信心要足

既然实行定式操作,就要对定式保持信心和有坚决执行的觉悟。平心而论,做到这点并不容易,让人对尚未经过实践充分检验的定式保持信心似乎有点强人所难,但却非得如此不可,因为定式交易多少有些"死板机械",而价格变化又非常复杂,定式操作等于是以不变应万变,如果交易者对所执行的定式信心不足,很容易受市况变化和市场气氛影响而产生怀疑及担心等情绪,进而影响定式的贯彻执行。另外,有一点要明白,就是定式的成功与否不在于一时之得失,遇到挫折应好好分析原因,不可因为一两次挫折便不分青红皂白地认定自己的定式不行,除非能确实证明所实行的定式达不到设计要求,效果不佳,否则不要轻言放弃。

（四）要有执行力

定式交易效果不理想的原因未必是所设计的定式本身有问题,也未必是交易者因信心不足所致,因为还有一个容易被忽视的执行力的问题。刚实行定式操作时,交易者可能还没有养成不折不扣按定式要求进行交易的习惯,面对市场的高温高压以及诱惑,未必能真正按照定式的要求去做。由此造成的操作失误和利益损失说来有点无谓和不值得,因此,自我约束和执行纪律也该作为定式操作对交易者的合理要求之一。

第十五章　多元定式交易

一、能力延伸工具

　　人本来能力有限,但通过制造工具,硬是把自身的能力大大提高了,显然,是人类发明的工具让人类自身的能力得到了延伸,工具越先进,延伸的效果越大,像望远镜和显微镜是人的视力的延伸,电话是听觉的延伸,汽车飞机轮船是腿脚的延伸,现在提出这样一个问题:既然工具能够大大提升人的能力,那么,在金融市场上搏击,是否也应该有这么一些能放大我们分析和交易能力的延伸工具? 这无疑是一个很值得探究的问题。我们觉得,实物工具不会有,非实物工具应该是有的,比如,以峰级分析技术为基础而建立的交易定式,经过实践检验之后,大概称得上就是一个提高投资者交易操作能力的、自制的延伸工具。

　　把交易定式看作交易操作方面的延伸工具,自然就存在这个工具是先进还是落后,是低级还是高级的问题。那么,究竟什么样的定式才算得上先进或者说算得上高级呢? 我们说,包含多周期峰级分析的多元组合交易定式或许有资格称为高级定式,理由是多元组合定式比单一周期定式更有希望实现成功交易的目的。此等说法是否成立? 不妨见仁见智,毕竟是一家之言,就当是抛砖引玉。

二、组合周期定式

定式和其他延伸工具一样,也有一个由初级向高级的发展进程。前文所述,我们图表交易能否取得好成绩,关键在于有没有好的交易套路,即有没有好的交易定式,而交易定式好不好的关键前提在于选择什么机会形态。那么,是否可以说,只要定式中选择的机会图表形态比较理想,交易者就可以不用再做分析,只需"守株待兔、张网待鸟",等待认准的机会形态出现时入市交易就好了。不能说这种看法错,只是稍显落后,如果交易水平停留在这个层面,我们认为是不够的。理由在于普通定式是在单一周期分析的基础上建立的,本身依然没有摆脱"短视"和确切性不够的缺陷,故而对成功率和收益率不能指望太高。

要使交易定式更有制胜把握,最简单的办法就是在设计定式时把单一周期作业改为两个或以上的组合周期作业,具体就是运用两个以上不同时间周期的 K 线图表(比如一张十分钟图,一张六十分钟图)进行分析,利用价格发展中"大趋势管小趋势,小趋势屈从大趋势"的特性,先由大周期图表分析来确定入市方向,再从小周期图表中寻找机会形态并将之作为入市依据,这样一来,定式之中从平面分析而来的机会形态所包含的不确定因素在同时兼顾大小趋势的框架下肯定有所减少,于是乎,方向和依据都有了,可靠性也增加了,交易的成功率自然是顺理成章得到进一步提高。

双周期定式也称二元交易定式,设计时可以不预定方向,但运用时则首先要考虑方向。价格的变动方向有战略方向和战术方向之分,加入大周期趋势分析,目的就是要盯着战略方向,让它带路,再令小周期信号形态所含的战术方向与它保持一致。小周期图表中的价格倾向本来就是敏感和不稳定的,若入市交易的方向与大周期图表中的价格趋势不一致,必然会增加交易失败的可能性。因此,组合周期定式所谋的就是使战略方向和战术方向相同,以增加交易成功率。假设交易者作为入市依据的机会形态是从五分钟图中筛选出来的,而他实行的是平面的单周期操作,那么他只需密切关注五分钟图中的趋势变化就可以了,这样做倒是简单省事,可惜成功率不会太高。假如他先根据小时图或者日线图中的价格趋势确定准备交易的方向,然后才去等候和捕捉那些五分钟图中同方向的机会形态,则情况大不一样;由于入市时即时趋势与主流趋势不矛盾,那么其交易的失败率将会大幅降低。所以,组合周期定式虽然麻烦一些,交易机会也减少了一些,但交易做得安心,效果也比较好,是一种值得提倡的交易手段。

三、二元定式操作

凡是依照两个不同周期 K 线图进行定式交易的买卖行为,我们称之为双周期定式操作,亦称二元定式操作。定式操作加入大周期分析依据,当然不只是单纯增加入市的理由,而是因为其功效和好处是实实在在的。首先是令原先小周期图表信号"短视"的缺陷得到弥补,使交易的胜负比提高了。其次是交易的盈亏比也会得到提升;因为大周期图表价格趋势行程在绝对值上比小周期要大得多,既然可预期获利空间大了,交易者的获利预期顺理成章也可以加大。反过来,如果定式中的小周期信号方向与大周期趋势方向不一致,入市之后价格稍有风吹草动,都会让人感到不安,在持仓信心不足的情况下,交易者也就很难实现赚大赔小的初衷。

在二元定式操作中,大周期图表在定式中的定位是趋势方向图,主要在入市前发挥定向作用,而小周期图表作为定式主角在交易操作中从头到尾都需要关注。大小周期之间的时间间隔要适中,太小没有什么意义,但也不宜相距太大,一般来说大周期为小周期的六至八倍较为合适,如小周期是五分钟图,大周期就选择三十分钟图;若小周期是十分钟图,则大周期就选择六十分钟图。

四、三元定式操作

照理说,在峰级分析基础上设计的二元定式算是不错的延伸工具了,只要信号形态选得好,交易成绩肯定比一般的交易手法要好得多。但价格变化实在是太复杂了,让人不得不"既顾眼前,又看长远",可能有些交易者仍然不满足于二元操作。那怎么办?还有没有更好的延伸工具?我们的建议是可以试试三元定式操作。

在二元定式的基础上再增加一个支持入市交易的分析依据的做法,我们称其为三元定式操作。说起来,多元分析并不是什么新鲜事,许多交易者在进行图表分析时,为了更清楚了解真实的趋势情况,经常都会多看几张不同时间跨度的图表,或者是参考其他一些技术指标及价格平均线等。不过,经过多元分析再进行交易不等于是做多元定式交易,两者看起来好像差不多,其实是性质完全不同的两码事,因为前者只属于随机交易,而后者则是以"不变应万变"为出发点的定式交易;如果交易成功,前者难以复制,后者则可以。

多元定式交易带出一个新的问题,即这个第三元的角色究竟用什么来充当。估计有些人会采用一般分析软件都有的 MACD 或 RSI 等副图指标,有些人则喜欢用价格移动平均线的主图指标,到底用哪一种好? 在此只抛砖引玉,让读者"八仙过海各显神通",因为每个交易者都有自己的思考方式和交易习惯。

我们觉得,如果在日内交易中采用三元定式,日线图这一元是跑不了的,那是管大方向的,必须要有,而小周期图表的选择倒是可以灵活一些,具体选什么就不做建议了。三元交易定式到底怎么做,最终还得靠交易者自己去设计,自己去摸索。不管怎么说,至少在理论上,三元定式操作算是比较高级的交易操作手法,是人们走出短线交易迷宫的希望所在,值得我们下点功夫去研究探索。

五、多元交易技巧

即使有好的交易定式,依然要讲技巧,要讲灵巧运用。和其他交易手法相比,多元定式交易也许更需要讲究技巧,因为一般的交易手法说到底只是局限在战术方面做文章,而多元定式交易要求战术和战略方面都要考虑和兼顾。

在多元定式交易中,无论设计环节还是操作环节,除了一般的定式交易技巧外,还增加了另外一些需要讲究的东西。首先是不同图表的时间间隔的选择,不仅要考虑彼此间隔大小的合理配选,还要懂得根据价格的不同发展阶段有所调整,或者是面对不同交易品种时有所区别,能够根据具体商品的市场特性做适当的个性化处理,正所谓细微之处有奥妙。其次是多元定式交易和单元定式交易不同,它需要考虑交易方向,这个方向的选择和确认就很有讲究。稍微有一些图表分析经验的人都知道,在某个时间段内,不同周期的图表反映的即时趋势是有时一致有时相反的,例如,看日线图是上升,看小时图是下跌,而看五分钟图又是上升,这种大小周期趋势表现矛盾的状况非常普遍,总是让人产生看不清、拿不准的迷茫感觉。对这个问题,峰级分析的思路有两种选择,一个是"抓两头、弃中间"。假如将大、中、小周期的三种价格倾向比作爷、父、孙三代人,当爷爷与父亲走相反方向时,孙子跟随爷爷走;比如说,只要五分钟机会形态的价格倾向和日线趋势一致,就不怕和小时或半小时趋势相逆。另一个思路是不允许相逆,即坚持等到三个图表的价格趋势都表现为同一方向时才动手,如果只有两个时间周期的价格倾向相同,宁愿放弃不做。这种做法潜在机会减少了,但提高了保险系数和成功率。

　　以上是关于多元定式交易技巧方面的一些参考思路,同样算是抛砖引玉了。

第三篇　交易相关

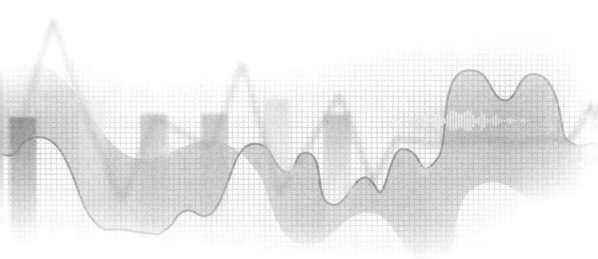

第十六章　交易风险控制

一、止损本是硬道理

在金融交易风险控制的范畴中，止损是最重要的，不管是短线交易还是长线投资，不管是随机交易还是实行定式操作，止损都是金融交易制胜术中不可或缺的一环。有人认为，金融交易技巧也是一门艺术，这个观点也许成立，但我们更倾向于将金融市场比作战场，将交易比作战场的敌我交锋，艺术谈不上什么风险，而交易的风险却是每时每刻跟随着你。现在我们将止损作为一个专题单独研究，实在是因为它太过重要了。

什么是止损？止损就是人为地限制亏损。在实际交易中，当价格走势与入市方向相反时，为了规避可能的更大损失，在某个价位采取主动平仓离场的措施。它是投资者控制交易风险、保全资金实力的关键手段，是防范市场不确定风险的防火墙。

金融交易离不开止损，无论是交易的理念还是交易的手法技术，不管你在技术及其他方面多么优秀，如果你在止损这一环上做不好，就不可能成为一个真正的市场赢家。

股票市场处于熊市时，像大闸蟹一样被深度套牢的股民遍地都是，究其原因，主要是不重视止损、不懂止损或不愿止损。有些人一听止损就直挠头："什么是止损？为什么要止损？"另有些人一听止损就直摆手："那岂不是要把账面亏损变成不可挽回的事实吗？"还有些人一听止损就直跺脚："我的股票跌很多啦，还怎么止损？"这些话要是让从事外汇或期货交易的人听到，恐怕会不由自主地在心里为那些人默哀。说来也难怪，做股票不懂得止损而被套牢就像得了慢性病,由于死得慢,故股民没有迫切的危机感。而做外汇、股指和商品期货就不同了,这些市场大都实行保证金杠杆交易,交易者如果不懂止损,一旦被套就好比得了急性病,死起来绝对是一个"快"字。因而,每次入市之后,若价格朝不利方向走,交易员心理产生的紧迫感和承受的精神压力是很强烈的。所以,越是高风险的市场,不懂止损的人就越没有生存空间,故做期货的人没有几个敢轻忽止损的。

止损的道理和现实中的许多事情是相通的。比如常规战争中,即使常胜将军也不可能百战百胜,我们不必太过计较每次战斗的成败得失,为了保存实力,有时撤退是最好的选择,因为我们追求的不是局部的胜利而是全局的胜利。《孙子兵法》中"三十六计,走为上计"所包含的也是这个道理。又比如很多人都买保险,买保险的出发点是什么? 还不是为了以小的代价来防万一!这个"以小代价防万一"的出发点和交易设止损的出发点是一样的。

其实每一个交易者入市之后,他在市场中的角色是一种双重的角色,即既是猎人,又是猎物。"螳螂捕蝉,黄雀在后"是一个大家都熟悉的成语,这个成语提醒人们不能只见利益而疏忽风险。幸而我们有对付黄雀(风险)的"止损手段",利用这种手段,我们就可以放心捕蝉(做交易)了。可惜不少股民不知其重要性而放弃或不善于使用它,以至在股市中被深度套牢。

从策略上考虑,止损是"丢卒保车"。在交易出现不利情况并有可能进一步恶化时,通过及时止损的方式把亏损控制在可接受的范围内,保证主体资金不会受到太大的损失。

从战术上考虑,止损是"两害相权取其轻"。交易做得不对头,自然要付出代价,既然不止损比止损的危害要大,当然是应该选择止损了。

从战略上考虑,止损是"留得青山在,不怕没柴烧"。止损的结果虽使人看上去有点血淋淋,但它却能让我们在市场继续生存下去。所以说,止损对交易而言绝对是一个硬道理。

二、未赚钱先学赔钱

赚钱和赔钱是相辅相成、对立统一的,在金融交易市场,这对矛盾时刻陪伴着我们。做交易不是赚就是赔,谁也做不到只赢不赔,毕竟我们都是凡人。有人说:"赚钱首先要学会赔钱",这句话听上去有点古怪,实际上很有道理。

我们做交易的目的是赚钱,当然不可能主动地去赔钱,但如果没有多次赔钱的痛苦经历,你如何体会市场的风险?而对风险体会不深你又如何懂得规避和控制它?要知道,赔钱是赚钱的另类学费,是赚钱的垫脚石,所有赢家都曾经经历从赔钱到赚钱的艰难转化。其实论起来,还真是赚钱有赚钱的本事,赔钱也有赔钱的学问。那么,到底赔钱有什么学问可言呢?

首先,钱要赔得明白。怎样才叫赔得明白?就是赔钱后要清楚钱赔在哪里?为什么自己会赔钱?也就是要把赔钱的主观原因和客观原因都找出来。许多人在交易亏损之后喊一声"真倒霉"就算了,至于交易在什么地方出了问题?自己的操作错在哪里?这些问题不去想,认为反正输出去的钱已经追不回来,再想也没用。这叫输得不明不白,赔得稀里糊涂。据说,一个投资者看见电脑中出现对他不利而且还在变动的价格,声嘶力竭冲着经纪人大叫:"你赶快把它给我按住。"原来他上次满仓操作吃过大亏,这次还是满仓,偏偏行情急剧变化,眼看自己的资金急剧缩水,因而急得团团转,以致闹出胡话。我们说,该投资者是一个没有学会赔钱的人,如果他上次赔钱后能够总结经验,改变满仓操作和不设止损的高危手法,那么他这次就不会急成那个样子了。有道是"前事不忘,后事之师",交易不顺利赔钱是正常的,但同样错误一犯再犯,重蹈覆辙就不能算正常。上述投资者赔钱之后连个经验教训都得不到,这样的赔钱赔得冤枉,赔得毫无价值。

其次,钱要赔得有理。什么叫赔得有理?简单来说,"赔而无怨、输亦无悔"。假设赌场老板对赌大小的赌客保证,接下来十盘一定有七次开大,三次开小,你该买大还是买小?当然是买大吧?毕竟在占有概率优势的情况下即使输也是赔而无怨、输亦无悔。价格市场的多变性和突变性注定了我们无法避免在交易中出现亏损,要奋斗就会有牺牲,要做交易就要有随时会赔钱的觉悟。死有轻重之分,亏损赔钱同样有轻重之分。有些人屡屡在价格连转势迹象都没有的情况下就去摸顶捞底,有些人则做交易不设止损,这样做不仅赔钱容易,而且钱赔得无理,赔得比鸿毛还轻。假如你的技术分析合情合理,你的操作中规中矩、合乎章法,那么即使交易的结果是亏损也是可以理解和应该坦然接受的。

赚钱先要学会赔钱,无非是指赚钱先学会止损的意思。止损也许算是一种主动赔钱的行为,然而这种主动赔钱的行为不是傻,而是理智,虽然止损把账面浮动亏损变成事实亏损,却因此有效防止了亏损扩大化,达到了控制交易风险的目的,是亏得其所,赔得有理。

三、止损理由细分述

止损是金融市场中的生存之道,也是一个成功的交易员务必要过的一道关卡。现在,无论是股票市场还是期货市场,尚未充分认识止损作用和严格执行止损的人仍然不少,为了使读者有足够的重视并在思想上更加透彻理解止损,在此分别从以下几个不同角度继续谈一谈交易止损的作用和意义。

(一)安全角度论止损

止损是交易时的安全保障。我们往市场里投入资金,是希望这些资金能像母鸡生蛋一样给我们带来利润。如果问母鸡和鸡蛋之间哪个更重要?谁都知道是母鸡更重要,只要母鸡还在,就有得到鸡蛋的希望;如果失去母鸡,则连获得鸡蛋的希望也没有了。强调资金安全,就是让我们在追求鸡蛋的同时,不要忘记保护好母鸡,这和保护自己才能消灭敌人是同一个道理。因此,生产领域中"安全第一"的口号同样适合交易市场。

保护资金安全最直接和有效的手段就是止损。价格波动缺乏确切性是市场的根本特征,也是造成交易风险的客观原因。在市场上,没有人可以不犯错,关键在于错了之后怎么办。有句话说得好,"不怕错,就怕拖",假如做交易"遇错拖延、有损不止",就等于不愿承认失败和不肯面对挫折,就等于和市场对着干,这种做法纵使资金再大也承受不起。君不见,住友事件、巴林银行事件及中信泰富事件中的主角,其资金当初何其大?可是面对上百亿的亏损始终还是顶不住。因此,无论大资金还是小资金,交易者都应该学会运用止损的手段来控制风险,以达到在确保资金安全的战略前提下谋取交易盈利的目的。

(二)损益角度论止损

交易技巧再好也绕不开止损,因为止损符合以小搏大的损益原则。交易是为了盈利,而盈利总需要成本,交易中的损失实际上是我们追求盈利必须付出的成本和代价。成本有大小之分,代价有正常不正常之分,止损的目的就是为了使这个成本正常一点,使这个代价小一点。

价格市场千变万化,而且止损本来就属于预防和保护的性质,因此不要指望和奢求每次止损都做对。止损是做对还是做错是事后才知道的,有时候止损以后价格又转身而回,让人产生一种"早知如此,何必当初"的感慨。此时交易者难免会感觉到金钱亏损和被愚弄的双重痛苦,但这种痛苦说到底也是我们争取盈利的一种代价。这就是说,止损不管是做对还是做错,其带来的损失都应把它看成是一种预算内的正常成本。没办法,人在市场中,总会碰到一些令人感到很无奈的事情,与其可惜那些因止损而"白白牺牲"的金钱,不如好好检讨一下自己的止损手法和止损位选择有无问题,这才是理智和积极的做法。试问,如果止损之后看到价格如脱缰之马一去不回头时,我们是否会为及时止损而感到庆幸? 这样多想几次,那么即使偶尔被市场耍了,也能保持心平气和,不会耿耿于怀。

有人或者会问,止损太频繁会不会使资金慢慢被"阴干"? 如果你胡乱止损的话当然会,止损是需要讲究章法和技巧的,其重点在"合理"二字上,要想在交易中既保证资金安全又避免平白送礼,就要扎实做好"合理止损"这篇文章。有一点应该强调,即使有时候因止损不当白吃了一些亏,首先想到的不应该是放弃止损,而是如何尽快提高自己的止损水平。

(三)心理角度论止损

之所以要止损,因为交易者不仅需要保护自己的资金,还需要保护自己的心理。交易者的心理状态会影响交易的效果,而交易效果反过来也会影响交易者的心理。有经验的交易员都知道,要保持良好的心理状态不是一件容易的事,人们在高温高压的价格市场中,心灵比想象的要脆弱得多,交易员如果在交易中受到重创,很容易产生一些诸如气馁、破罐破摔和孤注一掷等方面的负面心态,这些负面心态对其后的交易必然会造成不利影响甚至形成恶性循环,导致交易更容易失败以及令亏损进一步扩大。但如果我们在不利的情况下通过止损而及时离场,使亏损减少到最小,那么交易者因丢卒保车所受的损失充其量只是不伤筋骨的微痛而已。只要是合理的、有资金准备、有思想准备的亏损,对我们的心理影响都会很有限。所以,保持良好心理状态其中一个很重要的办法,就是通过合理止损来确保自己在交易中即使出现意外也不至于受到重创。

(四)机会角度论止损

之所以要止损,因为一时的失利或少量的亏损并不可怕,一次大亏损造成本钱与机会同时丧失才真正可怕。须知市场机会基本上是无限的,而你能够投入市场的资金却是有限的,如果输掉了本钱,市场再多的机会也与你无缘了。"三十六计,走为上计"中的"走"是什么意思?说好听是撤退,说难听是逃跑。其实逃跑也没什么不光彩的,情况不妙,该逃时还是要逃,不能保存自己,怎么消灭敌人?赌徒有一句喜欢挂在口头的话叫:"有赌未为输",只要本钱还在,你就还有"咸鱼翻身"的希望。金融市场的游戏规则同样是这样冷酷无情:谁丧失了本钱,谁就立刻被淘汰出局。

(五)辩证角度论止损

凡事都有正反两个方面,交易设止损虽然很有必要,但也应该认识到随意的、不正确的止损亦有可能给我们带来一些不必要的损失。要知道,设止损是一件很讲究的事情:比如,若将止损设在价格震荡节奏的正常范围内,必然容易被市场轻松舔走,不仅达不到保护资金本钱的目的,反而变成主动给市场送礼。又比如将止损放得太远,一来违反了以小搏大的原则,二来形同虚设,失去止损的真正意义。更不可取的是有些人用止损来壮胆,既不考虑胜率,也不考虑赔率,随便入市交易,违反了谨慎入市的基本原则。虽然止损造成的损失是为了保车而丢弃卒子,但卒子丢得多实力也会受到很大影响,怎能乱丢?总之,以上种种做法,不仅不能发挥止损的真正作用,反而还会带来相反的效果。因此,止损方式、止损时机以及止损位置的选择很重要,只有解决这几个问题,我们才能减少和避免那些无谓的损失。

四、止损手法逐个数

解决了止损的意识和理念之后,接下来就是实施止损的具体方法了。在你成为一个交易高手之前,最起码要了解各种常用的止损手法。市场上常见的止损手法如下。

(一)硬性止损

硬性止损是止损手法中被最多人运用的手法,分为两类。一类是定量止损,根据预定的最大亏损额或点数下止损单;所谓"预定的最大亏损点数",就是万一价格不按自己判断的方向发展时打算最多输多少。预定亏损额没有任何参考标准,完全由交易者根据交易策略和具体情况来定。

香港有位著名的资深外汇交易员曾经运用损益原理来定量,他的具体做法是根据盈利目标来定止损,假如期望赢一百个点,止损就定三十个点,假如期望赢三百个点,止损就定一百个点,我们把他这种止损的方法称为"三分之一止损法"。实际效果如何,恐怕只有他自己才知道,毕竟很少人愿意或敢于这样做。

另一类是定位止损,是根据图表中某个位置的价位下止损单。图表中有很多适宜做止损的止损位,其中大部分是一些价格拐点,这些"位"有大有小(大与小纯看对市场心理影响的程度而定),有远有近。因此,选择止损位时,除了看止损位置是否合理和有效外,还要兼顾亏损量的大小。可见,定位止损手法属于技术型止损,它要求交易员有较强的图表分析能力。

最后要补充的是"定量"和"定位"也可以根据需要结合起来运用。

(二)随机止损

随机止损也叫临时止损,即预先不下止损单,看到情况不对路时才马上平仓止损。这种止损手法唯一的好处是够灵活,但危险性也相应增大,因为遇到价格突然急剧波动时往往会令人措手不及,最关键的还是这种做法对交易员本身质素要求非常高,假如交易员决断力不强,或侥幸心理重,都很容易错过最佳止损时机从而导致大的亏损。

人性弱点对我们的影响是很顽强的,事到临头才做止损往往会因犹豫或操作来不及而误事,如果预先下好止损单,就可避免发生这种事情。同时,预先下好止损单还可以避免交易系统失灵、电脑故障和市场突发事件等意外造成的无辜伤害。

（三）固定止损

固定止损是下了止损单以后不再更改,除非被触碰,否则直到交易结束以后才取消。固定止损的好处是假如交易做对了方向,咬住既定目标不放,中途绝不三心二意,"不到长城非好汉";还有就是下了止损单以后,假如有事,暂时离开交易现场也不用担惊受怕。固定止损的坏处是稍嫌死板了一些。当你手头的交易单出现了盈利,在平仓之前只是账面浮盈而已,价格是否能够达到你预定的目标是一个未知数,毕竟价格走个来回的事是经常发生的,遇到这种情况,不仅盈利消失了,还有可能被触碰止损而出现亏损。可以说,固定止损的做法等于是以降低胜率的代价来谋求理想效益,是敢拼敢赢之人的常用手法;至于偶然发生"煮熟的鸭子飞了"和"到此一游"的事情,那也没办法,有得必有失,没什么好遗憾的。

（四）移动止损

移动止损是一种比较稳健的止损手法。它并不因为已经下了止损单而万事大吉,而是在交易单出现盈利之后,根据市况的发展随时往有利的方向移动止损位置。这种止损手法的出发点是避免出现先盈后亏的恼人情况,在价格发展有利于手头的交易单时,通过将止损位往前推的方法,先保住部分盈利,令自己不至于"到此一游,空手而归"。价格继续往前走的话,止损就继续往前推移,万一价格往回走甚至转势,这时候止损单实际上已经变成了保盈单。当止损单变成实际上的保盈单以后,交易员的心态是最放松的,反正已经盈定,怎么拼也不怕了。所以,移动止损最大的好处是它令止损单不仅具有资金保险的作用,还具有转化为盈利保险的双重作用,是一种值得提倡的止损手法。

市场中通常有人把交易有账面利润时将不断往前推的止损单称为止盈单,其实并不贴切。因为止盈的文字理解是停止盈利的意思,止盈应该是指俗话所说的"割禾青",稻谷尚未完全熟,抢先割回去再说,即为了不让既有利润"缩水",不等行情是否走完,也不等价格回头信号就赶快抢个好价平仓走人。所以,止损因顺势前推而顺推,并没有主动平仓,那么移动止损改称为"保盈"应该更加贴切。虽然保盈似乎已经脱离止损的概念范畴,实际上还没有完全脱离,因为账面利润流失也可以看成是一种损失。积极保盈本质上是既要保住现有利润,又不放弃趋势跟踪,属于兼顾性不错的止损手段。对于小资金的个人投资者来说，主动保盈带有浓厚的"落袋为安"的意味，而对于大资金则不失为一种攻防兼备的操盘策略。

（五）程序止损

程序止损就是借助电脑而采取的电子程序化止损。国际上大的期货交易所通常都会提供电子程序化的止损系统，交易者可以预先设定一个条件作为止损指令输入系统中，当市场价格（或成交量）达到这个条件时，止损指令立即自动生效。由于计算机没有理性、没有情感，自然也就不存在贪婪和恐惧的情绪，它的死板反而成了止损操作中一个最大的优点。程序止损既可以避免交易者因犹豫不决而错失止损时机的情况，又可以防止交易者电脑及网络突然出故障而无法及时止损造成的意外损失。

国内的股票市场暂时还没有电子程序化止损，投资者只能靠自觉性和纪律性来约束自己。

五、止损失败话因由

凡是头脑中有止损的概念、手头有止损的方法而交易不能有效实施止损的情况一律称为止损失败。造成止损失败的主要原因有以下几种。

第一种是由错误的止损心态造成的。有些人虽然知道止损重要，但在不舍得"割肉"和侥幸心理的双重作用下对止损持有一种心不甘、情不愿的心态，事到临头往往犹豫不决甚至因为下不了手而临时放弃。另外有些人看到价格不按自己预期的方向走心里就来气："我就不信这价格不回头"，这些人可能不知道，市场大鳄最喜欢的就是这种不信邪的"犟人"，那是大鳄最肥美的猎物。还有些人在经历过几次刚止损却价格又回头走的尴尬之后，再遇到需要止损认赔的情况时就不是那么坚决了，总是患得患失，生怕又再上当而白白吃亏并承受被愚弄的痛苦。诸若此类的止损心态都将造成止损的失败。

第二种是因交易者缺乏执行止损的严格纪律造成的。交易计划执行不坚决，大不了是错过机会而已，交易者本身并没有任何实际损失，而止损计划执行不坚决，完全有可能立即带来可大可小的直接损失。因此，执行止损特别需要纪律来约束。

第三种原因是操作故障。某些止损失败与操作者的认识和手法无关,有时可能是因为交易者自己反应太慢,有时则可能是价格走得太急,还未来得及输入止损价格就越过去了,此时未必有时间让人再从容选择新的止损价。遇到此类情况,笔者主张即使追价也先出来再说,"好汉不吃眼前亏",越是价格走得急越应如此。

防止止损失败,首先止损观要正确,若思想上对止损的必要性认识不足,行动上自然就很难做到位。其次是尽快克服和纠正各种影响止损执行的心理障碍及错误心态。最后是要尽快提高止损的水平。

六、止损的基本法则

止损的具体设置和价位选择是一种精细活。首先,不管采取哪一种止损方式,最好都能遵从如下几个基本法则。

(1)止损方向必须与交易方向相反。

(2)止损价位的选择要有充分依据。

(3)止损价位应在交易前预先想好。

(4)止损代价应符合以小博大原则。

(5)交易后须在第一时间下止损单。

(6)无充分理由不要更改止损价位。

除了以上止损法则外,具体操作方面还应注意以下问题。

(1)止损中最难、技术含量最高的事情是止损价位的选择,选得好不好效果相去甚远,因此不可随意而定,最好能以图表形态依据为主。

(2)用以设置止损位的周期K线应和技术分析及实际交易的周期K线一致。假如根据五分钟周期K线(或指标)入市,也应在五分钟K线图(或指标)上选择止损价位。

(3)期货和外汇交易中,不时会有急速破位的情况,为防止损意外错过,可在止损位与认定的防守价位之间留一点缓冲空间,不需要多,有二至三个价位就足够了。

(4)止损位的设置还应适当考虑亏损承受力,若入市位与止损位距离偏远,则止损被触碰时代价太大,交易不合算,如果不想放弃,至少要减少头寸或将止损方式改为定量止损。

第十七章　资金管理办法

一、资金管理理念

提到资金管理,似乎应该是基金和机构大户们考虑的事,其实,个人投资者也是需要认真考虑的。我们做交易的目的是盈利,和做其他生意一样,盈利是需要资金的,没有资金,交易和盈利都无从谈起。是不是投入的资金越多盈利就越多? 当然不是,资金多只是具备多盈利的条件之一,金融交易如果技术和资金管理跟不上,不但不能盈得多,还有可能亏得多。

个人投资者进入市场的资金有多有少,终是属于有限资金。既然要用有限的资金去追求利润,我们就应该好好珍惜和好好运用,这个"珍惜"和"运用"就是资金管理的实质——资金安全和资金的有效使用。资金管理的目的是什么? 用一句完整的话来表达就是:通过有计划及有效的运作力求在确保资金安全的前提下谋求利润的持续增长。

资金管理不是操盘过程中的一个可有可无的环节,而是一件和投资战略密切相关的事情,因此,无论是机构大户还是个人散户,无论大资金还是小资金,资金管理都是一件需要给予重视的事情。

我们认为,资金管理的内涵主要有三个具体内容。

(1)确保投资本金的安全。

(2)讲究资金的使用配置。

(3)争取资金的稳定增长。

二、风险控制理念

讲资金管理,就不能不提到风险控制,因为资金管理在很大程度上也是对风险的管理,或者说,风险控制是资金管理最重要的内涵。

什么是风险?"风险"一词据说最先是从沿海地区传出来的。过去,以打鱼捕捞为生的渔民们,每次出海前都要祈祷,祈求神灵保佑自己能够平安归来,其中主要的祈祷内容就是让神灵保佑自己在出海时能够风平浪静、满载而归。他们在长期的捕捞实践中,深深地体会到无法预测的"风"给他们带来的无法确定的危险,但他们不知道为什么会有风以及风是从哪里来的,只知道"无风不起浪""风高则浪高"。因此每次出海捕捞作业时,他们最怕起风,只要提起"风",即会想到"险",于是久而久之就有了"风险"的说法。现代风险的含义是"未来结果的不确定性或损失"。风险具有普遍性、客观性、损失性、不确定性和社会性。用一句简单的话来说,"风险就是可能的危险"。

什么是风险控制?风险控制就是对可能的风险进行规避以及通过运用适当的策略手段人为地将之化大为小,比如在具体交易时,运用止损或控制持仓量等手段将风险尽可能降到最低,或降到可以承受的程度。市场风险是一种客观存在,只要进入交易,风险就同时产生。虽然风险的存在不可避免,但最起码,风险可能带来的损失却是可以人为控制的。有些风险借助于技术分析可以规避,有些风险除非直接放弃交易,否则避免不了。由于在交易的过程中,交易者从头到尾都是自主的,完全可以通过限制亏损等方式将可能的风险转化成可容忍、可承受的风险。显然,想办法将风险化大为小才是风险控制的重点所在。

风险最终体现在实际亏损上,而亏损可以通过合理止损加以控制,故此风险是大是小很大程度上取决于交易者本身。从这个角度出发,风险控制的关键就是要确保交易不利时不让亏损进一步加大,这一点很重要,根据普遍经验,小的亏损即使多几次也不怕,虽然被动一点,却还保留反败为胜和东山再起的机会,而大的亏损则后果严重,往往是一次就能令人元气大伤,尤其是从事期货外汇的杠杆交易,严重者甚至会引致"爆仓",全资尽丧,被市场扫地离场。

如何将风险控制的理念转化为实际措施,那就要靠各人根据自身及各方面情况综合考虑了,就是说,各施各法。假设有三个短线投资者是这样做外汇或股指期货的:第一个人规定自己每天只容忍亏损百分之五,若达到或接近这个比例就立刻结束当天的交易;第二个人虽然对每日亏损不限制,但却规定自己每个月最大亏损幅度为百分之二十,达到这个比例也就停止当月的交易并进入自我检讨阶段;第三个人则给自己规定每次交易的最大亏损容忍值和每月最大亏损容忍值。这三个人的办法是不是有点笨? 其实,几乎所有风险管理的办法看上去都是笨笨的,而偏偏能够笑到最后的往往就是善于使用这些"笨办法"的人。有人说得好:"风险管理就是欲思其利、先虑其失;欲思其成、先虑其败。"这种说法虽然不全面,却包含一定的哲理,且说到点子上了。

三、资金安全原则

投资者进入市场的资金,实际上已经变成一种博弈的筹码,一种待开发的资源。当投资者运用资金进行交易时,其资金既是他进攻的武器和获利工具,同时也是别人窥视的猎物和未来的战利品,在你窥视别人的钞票时,其他人也在盯着你的钱袋。所以,普通投资者身处高风险的市场,任何时候都不要忘记自身资金的安全。为什么防暴警察在执行任务时要穿上避弹衣,占领有利地形? 那是因为他们攻不忘守、战不忘护,懂得在争取完成任务的过程中,须要尽量保护自己,减少一切不必要的牺牲。我们做交易,也要穿"避弹衣"占领"有利地形",还应该做到攻不忘守、战不忘护。

做交易要保护自己的资金,除了理念、分析和战术技巧等因素之外,还有几个问题要强调,一个是思想上高度重视止损,这是保证自身资金安全最基本的要求。另一个是慎选交易时机,这是保证资金安全的策略手段。再一个是控制交易频率,这也是一种控制风险的策略手段,交易过于频繁,交易质量难免会相应降低,这样必然会影响资金的安全。总之,投资者必须将资金安全放在首位,凡是不利于风险控制的事情都应该充分重视,慎重对待,通过各种有效措施把好风险控制这一关。只有这样,才能让自己的资金在相对安全的情况下争取交易盈利。

四、资金效率原则

资金投入市场,安全固然很重要,但它不是目的,只有获利才是唯一的目的,因此不能只讲安全不讲获利。如果户头有二十万元资金,长时间只用一两万元来做交易,其余的放在那里睡大觉,这样做不叫安全,而叫无效率。因此,资金管理除了有个安全原则外,还有个效率原则。

效率原则强调的是资金的使用效率,即在资金安全的前提下谋求效益的最大化。这个原则基本上适合所有需要投入资金的生意,当然也适合金融证券交易。如何追求资金效益最大化? 最直接的方法是让资金高效运转。实现资金高效运转好办,但要在保证资金安全的前提下高效运转就不那么好办了,强调资金安全必然使交易带有保守的倾向而降低获利能力,而强调高效运转则使交易带有进取的倾向而增加交易风险,两种倾向是相互关联而又相互抵触的;风险最小化与利润最大化是对立统一的。我们认为,解决这个矛盾的最佳思路是"兼顾"两个字。就是说,强调效率时要考虑资金的安全,强调安全时要考虑资金的效益,不能顾此失彼。没办法,既然安全原则和效率原则都应该坚持,而我们又无法做到两全其美,那就只好在兼顾上做文章了。

风险和利润是一对怪胎,它们互不相让又互相牵扯,在降低风险和提高利润期望值之间,人们往往容易顾此失彼。从这个角度看,"兼顾"这篇文章还真不好做。幸好,交易中风险与利润之间并不存在正比关系,如果技术分析到位,操作策略恰当,小风险也能谋取大利润,故"兼顾"这篇文章还是可以做的。

要做到保障资金安全和提高资金使用效率的兼顾,首先在思想上要有明确的认识,不能片面追求其中的某个方面而疏忽另一方面,既要重视对资金的保护,又要克服恐惧心理;既要有对利润最大化的追求,又要克服贪婪的心理。各中分寸如何,没有标准,没有教条,全在于各人自己把握。做交易和做人一样,片面执着和过于追求完美都不是好事,有时适当增加承受风险的心理准备和降低对高利润的预期,可以使我们在失败时少些烦恼,成功时多些愉悦。总之,安全与效率之间的关系一定要先理顺。至于具体措施方面,除了正确分析操作和合理止损等手段外,还有一样要讲究,就是关于资金使用的合理配置问题。

五、资金配置原则

资金配置原则从根本上说就是合理原则。有些技术强调，资金配置要实现科学化和专业化，其实，关键是要做到"合理"二字，否则什么化都没用。那么，资金如何使用才是合理的配置呢？我们认为，资金配置如果能够做到以下几点就基本算是合理了。

（一）量力而为、留有余地

投资者的资金不论有多少，都应该坚决奉行这样一个宗旨，就是"量力而为、留有余地"。量力而为就是量体裁衣、看菜吃饭，根据自身资金的情况，大有大做、小有小做；留有余地就是反对全攻全守，不搞满仓操作。任何时候都要留一部分资金在外面，只用一部分资金进行交易，这样一来可以减轻交易压力，二来保留回旋策应的能力。其实，量力而为中的"力"不能只理解为可用资金的实力，还应该包含交易员心理和本身资金承受亏损的能力。有热衷于短线交易的人提出一个亏损预备金的概念，其意是预算好每天或者每次交易最多输多少，达到这个预算额度就停止或退出交易，这不失为一种充分考虑自身亏损承受能力的风险控制办法，可谓"先想好输，再去想赢"，有它一定的道理。

（二）控制头寸、合理加码

既然任何时候都不宜满仓操作，那么就应妥善解决如何建立交易头寸和如何合理加码的问题了。资金配置要解决的最具体问题有三个：头寸、加码、止损定位。

先说头寸。投资者考虑头寸占用多少资金时，要视具体情况而定。首先要看你投资的是单一商品还是多种商品、单一市场还是多市场？看你做什么时间周期交易？做长还是做短？其次要看你本身的交易策略和交易习惯。最后还要看你具体面对的是什么样的机会形态。总之，各人的实际情况和想法不同，相应的做法自然会有很大区别，真要说的话有很多内容，此处暂且不谈。

再说加码。有些交易员在头寸交易已有利润可赚而本身又有预留资金的情况下,喜欢采取中途加码的方式来扩大战果。一般来说,加码有"生码"和"死码"之分,头寸有利润时加码谓之"加生码",头寸亏损时加码谓之"加死码"。加生码要实行"金字塔"方式,即加码的量小于之前的头寸,而且越往后越小。例如,头寸做了五手交易单,有了账面利润之后,假如认为有加码追击的机会,加码三手,下一次则加一手。这种加码方式完全是基于保盈的思路,反正前面的交易单已经盈了大头,后面的加码即使输了也不影响总体为盈的结局。至于"加死码",是之前持仓已经亏损,在更低成本价再增加持仓量,试图通过摊低总体成本来摆脱被动局面。按常规思维,加死码似乎有一定道理,然而加死码的这个做法和条件都是建立在价格会回头的假设上的。那就没谱了,就算这个假设占有七成的概率也没用,经常是一次价格不回头就会给加死码者带来灾难性后果。因此,有人将加死码的做法称为自我取死之道,确实不是危言耸听。

(三)认清市场、对症下药

不同的市场(比如股市和期货)、不同的商品甚至不同的价格环境(比如牛市和熊市)资金的使用配置是应该有所不同的。因此,能否具体情况、对象具体处理也是评价资金配置合理与否的一个重要标准。

(四)定好止损、攻守兼备

凡是缺乏止损计划的资金配置,都不能算是合理的配置。关于止损,其对交易的重要性前面已强调过,这里只想强调一点,做交易的战略思想应该是进退相宜、攻守兼备的,做好止损是资金管理的需要,也是金融交易的战略需要。

六、资金管理办法

资金管理的具体办法和措施多种多样,具体的做法是因人、因地和因时而定。不同的交易者、不同的资金、不同的市场、不同的商品、不同的市况,采取的措施自然有所不同,不过,有些东西是基本的,比如下述几点。

(1)注意入市时机的把握。

(2)止损位置要清晰明确。

(3)设定亏损的容忍极限。

(4)资金使用要留有余地。

(5)中途加码应小于前仓。

如果交易者是大资金或是投资机构,需要做的事情会多一些,比如投资市场配置,投资品种组合的设计,项目多样化的安排以及报偿/风险比的权衡;等等。机构大户通常不会做得太短线,跟这个有一定关系,因为船大难掉头。

最后,资金管理还涉及一个资金使用率的问题。按照经济学的观点,资金使用率理论上应该是越高越好的,但这一观点在金融交易中似乎不能成立。如果单纯考虑资金的使用率,那么增加交易的数额及加大交易频率就可以将它大幅提高,但这样做对交易者未必有好处甚至还会带来可怕的结果。资金使用从来不是目的,它只是交易者在市场上谋取利润的一种手段,交易能不能赚钱才是根本。如果交易效果不好或亏本,那么交易越多输得越多,交易越频繁死得越快。所以,投资不顺利时,应该暂时停止交易,让自己冷静下来,做些检讨和总结,方为明智稳健之策。

第十八章　闲话心理素质

一、心理素质要提高

　　金融投资市场一个残酷而不争的事实是输家人数远多于赢家人数，很多人对此感到困惑。不可否认，问题的症结首先是市场。有短线投资者认为，市场就像一个迷宫，走出迷宫的奖励看上去很吸引人，但偏偏绝大部分路口都出不去，而且进入每个路口都要付费，在找到那个唯一的出口之前，你只能无奈地继续付费。我们认为，市场因素是以不断变化形式存在的客观因素，这种不断变化的客观因素对人的主观能动性是一个极大的挑战，作为普通投资者，只能尽量去跟随其脚步，然而节省不断变化的脚步又岂是那么容易跟的？于是，大多数人输了。严格来说，交易是一个缩小版的系统工程，要想从交易中获利缺了任何一方面都不行。好比想驾车去某个目的地，路好车不好去不了，车好路不好也去不了，车路都好而驾驶技术不行还是去不了，还要看燃油是否充足，最后还要看驾驶员身体和精神状态好不好。在金融交易众多输家之中不乏聪明人，包括那些有经验有技术的聪明人，这些人就算是不服气也没办法，因为在这个系统工程中他们肯定还欠缺了一些什么，比如其中有些人就是输在心理质素不过关的问题上。

　　金融交易尤其是短线交易，要想从输家变成赢家，需要跨过两个门槛，一个是技术门槛，一个是心理门槛。技术门槛一般人会重视，心理门槛则容易被人忽视。跨越心理门槛，涉及对人性的认识，人性中有许多弱点，在我们进行交易的整个过程中，这些弱点经常出来捣乱，为什么多数人做模拟交易很容易成功，实际交易却输得一塌糊涂？这是因为在高温高压的价格市场上，人性中贪婪、恐惧、侥幸的本能充分展露、释放甚至被放大,它们顽强地冲击我们的理智,干扰我们的正常判断和决策,使我们很难像模拟交易那样做到冷静和客观。很多时候,交易者不是输给市场,而是输给他自己。这说明,出色的技术和良好的心理质素是交易成功的两个必要条件,缺一不可。所以,想要成为一个赢家,必须充分了解人性中的各种负面心理并努力克服之,换句话说就是要想办法提高心理质素。

二、成功须具好心态

心态是交易成功的重要因素之一。大多数经过一段时间交易实践,有一定技术基础的交易员会承认,情绪确实很容易在不知不觉中左右自己的交易行为,从而直接或间接影响交易的盈亏结果。因此,相信绝大多数交易者都会认同,要把交易做好,需要保持一个良好的心态。

什么叫心态?心态是对于跟自己有关事物所做的思考性的心理反应,也就是心灵内在的状态。杯子里有半杯水,一个人看见会说:"唉,只有半杯了。"而另一个人则说:"哇,还有半杯呢!"这就是对待事物不同的心态。前者是消极悲观,而后者是积极乐观。大量事例证明,做事效果好坏及成功与否跟做事者所持心态有莫大的关系,为此有人专门写了一本书,叫作《心态决定命运》。

凡是竞技项目和博弈游戏,由于要面对胜负输赢、损益得失,故往往比做其他事情更需要参与者有良好的心态。尽管金融交易不是赌博,但实际上每次交易仍不可避免地带有赌博的性质,这是由价格运动具有多变和突变的特性造成的;在机会与风险并存的市场中,面对金钱的得与失,不少人的表现是"在恐惧中贪婪,在贪婪中恐惧",能够保持平常心的人不多,而这个平常心恰恰就是一名成功交易员最需要的心态。

交易要有平常心,指交易过程中尽力而为却不强求结果的心境和态度。老话说,"谋事在人,成事在天",这句话很适合我们对心态的调整。有人会问:"良好的交易心态从何而来?"我们认为,首先是要有意识地去自我克制人性弱点和提升心理质素,其次是要尽快提高个人分析水平和改善交易方法;因为如果没有好的技术,没有好的交易方法,交易时难免信心不足,心态自然是好不到哪里去。俗话说,"艺高人胆大",这句话很有哲理,没有艺高这个前提,胆大只是一个缺乏底气的笑话。在金融交易中,"艺"可代表分析技术和操作技巧,

"胆"可代表交易心态。技术好未必心态好,技术不好则心态肯定难好;心态并不能改变技术,而技术却非常影响心态;这就是心态与技术之间的辩证关系。

凡有一定交易实践的人都知道心态对交易结果的影响很大,心态不过关,交易中该赢八分时只赢三分,该输三分时却输足十分。总之,"成功不是偶然,失败绝对有因",如果不想离开这个市场,不被市场扫地出门,那就赶快调整好自己的心态吧。

三、面对风浪莫恐惧

恐惧心理是人类的一种本能心理,再勇敢的人也有他感到恐惧的时候。自然界和人类社会存在许多不可抗拒的事物,加上对以往痛苦的体验,促使人们对任何难以理解的、可能有危险的未知事物产生本能的恐惧心理。生物学家曾经对恐惧心理的负面作用做过一个这样的实验:把分别装了一只羊和一只狼的两个笼子放在一起,几天以后,羊竟然因为过度恐惧而死亡。说起来,人并不比动物好多少,有不少医生都承认:有百分之七十的癌症死亡病人实际上是被吓死的。可见,人处于恐惧当中,精神和身体都会受到十分不利的影响。

恐惧心理促使人患得患失,这种想赢怕输的患得患失心理将直接影响交易员的判断与操作,如果交易失利不是分析出错,也不是交易策略和交易方法不对头,而仅仅是心理原因,那就叫输得不值,输得冤。其实交易中的输本来就是求赢的一种正常代价,只要输得"合理",就是输得其所,"该输的"就让它输好了。交易不顺利时,恐惧于事无补,而且有害无益,这时候起作用的是应对措施,比如先通过止损退出交易。另外,做交易最好是有操作套路,即有一个包含止损方案的交易定式,到时候"按计行事",不仅能减少乃至消除恐惧心理,胜算也会高得多。总之,做交易总会有输有赢,如果交易者不能改变恐惧怕输的心态,就应该远离这个市场,因为它不是"恐输症患者"该待的地方。

四、一时顺境忌贪婪

金融交易有一忌,就是忌贪婪。每个人都有一定的贪欲,这种贪欲很可能是与生俱来的。有专家通过对幼儿行为的观察论证了这一点。有些专家指出,人的这种与生俱来的贪欲是人类竞争和进步的原始动力之一。我们认为,贪欲不等于贪婪,二者在本质上应该有所不同,如果说贪欲还有正面作用的话,那贪婪就只有负面作用了。恩格斯三大定律之一是"量变引起质变",人有点贪欲可以理解,但如果贪欲过分膨胀或失去控制,贪欲就变成贪婪,就容易坏事了。人因贪婪而"利令智昏"及因贪婪而反受其害的故事古今中外数不胜数,可见贪婪对人本身是有害无益的。由于人在贪婪之下往往离开了自身能力和客观现实容许的范围,成了一种不切实际的追求,当然就不会有什么好的结果。凑趣举一个贪婪的例子:一个小女孩掉了一元硬币到水沟里,她捞不回来,在水沟边上哭。有人说你别哭,我给你一块钱,结果她还是哭,还边哭边说:"要不然我就有两块钱了。"

贪婪心理在交易中表现得比较明显的祸害有两点,其一,因为贪婪而在入市时不自量力,比如说本来资金实力只宜做一两手单,为了想赚多点而做三四手,令可用资金失去回旋余地,市况稍有不顺,立即焦头烂额,应了人们常说的一句话:"写贪字写成个贫字。"其二,交易顺利并有一定账面利润时,因为太贪而无视市场已经出现的逆转信号,结果错过出货时机,想多赚反而少赚了。希望多赚一点的愿望无可厚非,但如果条件不具备而勉强求之,那就是不知进退了。这里并不是提倡稍见利润就要急于落袋为安,那样也不好,是另一个不可取的极端。我们只是希望交易者在考虑交易利润最大化的同时,警惕因为贪婪而弄巧成拙罢了。

五、侥幸心理要不得

金融交易另外一忌是侥幸心理。人有一点侥幸心理很正常,但对投资者来说,这是一种对交易有害的负面心理,需要尽量克服。当一个人心怀侥幸时,实际上已经是在赌运气。投资交易不论长线还是短线,在交易的过程中,侥幸心理与理智操盘是对立和此消彼长的关系,侥幸心理越重,理智成分就越低,交易的总体效果就越差。不同于赌博,金融交易是一件很有技术含量的工作,因此,追求盈利应该尽量少依赖运气,依靠正确的分析判断及恰当的策略实施才是正道。

通常,在交易不顺利时侥幸心理最容易抬头。本来,交易之后发现价格不按自己预想方向走是很平常的,那是技术再高、本事再大的人也不能避免的事情;理智和保险的做法应该是趁损失不大立即平仓止损,这叫"先撤离、后检讨、留住青山有柴烧"。但侥幸心理重的人往往不愿意这样做,他们认为只要一平仓,账面亏损就会变成事实亏损,因此宁愿选择观察等待,企望价格能倒回来,那样的话他就不用输甚至还有可能反败为胜。我们说,这种重事实亏损、轻账面亏损的心态是自欺欺人的鸵鸟心态。凡是侥幸心理重的人都不喜欢止损,也许一次、两次、三次,他们都能如愿以偿把账面亏损守回来,但必然会有某一次,价格一去不回头,令他们连本带利付出惨重的代价;要知道,绝大部分外汇和期货爆仓就是这样来的,信不信由你。

第十九章　闲话交易修养

一、破罐破摔定要戒

所谓破罐破摔,就是"死猪不怕开水烫",它是人们对超出预期的打击或面对失败缺乏承受能力而衍生出来的一种变态心理。这里举个例子解释一下心理承受能力:假设有两个资金都是十万元的人做交易,两人由于交易做错了方向,一个账面亏损七万元,一个账面亏损三万元,试问,两个人中谁会产生破罐破摔的心理呢? 一般会认为是前者,因为他已经输很多了,不在乎再输多一点,实际上,两个人都有可能产生破罐破摔的心理。这里面有一个亏损预额的问题,假如前者最大预亏额是八万元,而后者原本的亏损预期是两万元,那么,破罐破摔的人更有可能是后者,因为账面亏损超过他预期的底线,心理上承受不了。

在外汇和期货市场上,因为亏损超出预期而放弃理性操作,孤注一掷,破罐破摔,导致最后爆仓的事例经常发生。即使是股票市场,因交易亏损超出心理预期而干脆放任不管的也大有人在,结果往往是"短线变长线、长线变贡献",或者是"炒股炒成股东,炒房炒成房东"。具有讽刺意味的是,很多时候"罐"本来未破,"猪"本来未死,完全是人为的放任与麻木才使事情走向不可挽回的地步。

破罐破摔的心态是一种不正常的、消极的负面心态,若有这种心态一定要戒。一个失恋的人,本来重新争取幸福的机会还多的是,但如果走极端,伤害对方或自杀,那就什么机会都没有了。做人也好,做事也好,受了挫折应冷静和反思,无论是放弃、躺平还是硬扛,都只会使结果变得更坏。当交易暂时失利时,冲动和破罐破摔都是不能解决问题的,最好是先退出交易,让头脑冷静冷静,当你经过冷静反思之后,说不定会找到问题症结和解决办法,那样的话,你会发现自己未必没有反败为胜的机会。当然,如果确实无法恢复信心,那不如干脆彻底退出,总比破罐破摔要好。

二、自我约束守纪律

交易修养还有一条是遵守纪律。什么是纪律?纪律就是为了确保计划实施和工作正常进行而需要遵守的规章条文;纪律就是做事必须遵守的"条条框框";交易纪律就是投资者为了保证交易策略顺利实施的"条条框框"。

遵守交易纪律的前提是交易者已经具有严密而有效的交易规则,因为遵守交易纪律就是遵守由交易定式而引出的出入市规则,若连交易定式都没有,那根本就无规则可言,又遵守什么呢?此时光喊遵守纪律就是一句空话。所以,只有建立了交易定式的交易者才有资格谈交易纪律。

如果一个交易员的市场理念和分析水平都很好,手头也有不错的交易定式,是否就可以成为成功的市场赢家呢?答案是还不一定,如果执行交易计划时缺乏自我纪律约束,那么,他依然无法走进赢家的行列。纪律约束有这么重要吗?那当然!因为交易纪律关系到定式交易的成败;这个观点绝对不是单纯从理论上推论出来的,实战中的现实情况确实如此。对于交易讲纪律,有人可能觉得难以理解,"纪律部队、单位和团队讲纪律很正常,我自己做交易还讲什么纪律"?事实上,交易纪律是为了让你的交易策略和计划得以更好地执行,是对你有好处的。也许你会反驳:"自由自在地做交易不好吗?为什么要制定纪律来约束自己?"怎么说呢,不受约束当然好,问题是人是一种自我控制能力有限、不受约束就会乱套的动物。市场上有些人,明明在如何入市、如何出市及如何止损等方面早已有了计划,临场时却不严格执行,因恐惧亏损而被吓跑的有之;因贪婪而反胜为败的有之;因侥幸心理作怪而放弃止损的有之;该赢的赢不了,该小输的变大输;等等,这些都是缺乏执行纪律造成的。因此,对于个人投资者而言,交易纪律不应该是别人给你定的,而应该是由你自己给自己定才对。价格变化复杂,做交易难免有时会输,但输要输得其所,如果原本所定的交易策略正确却仅仅由于执行不力而导致计划走样而输,这样的输未免太过冤枉和不值了。

上面说了,讲纪律还要看层次、论资格,因为交易制定执行纪律是为了让预先设定的交易策略能够顺利实施,使交易操作做到有章有法的保障手段。如果一个交易者还未离开分析技术薄弱、操纵技巧生涩的阶段,入市出市仅靠市场感觉,本身没有什么明确的交易策略,那么对他而言,强调纪律就没什么太大意义了,说得不好听,他还没到需要强调纪律的那一步。假如连交易方法及交易规则都未定型,自然就谈不上什么执行纪律了。执行纪律不但是交易团队需要,个人投资者也有需要,当你已经有了明确的交易策略和固定的操作手法时,你就开始需要自我约束即需要纪律了,否则在具体操作时,你就很可能会在市场的压力或诱惑下出现手法变形,变成了计划是一套,实施起来是另一套。所以我们认为,水平越高,交易计划性越强,越要讲求纪律的约束,要不然空有好的计划却依然无法获取好的交易结果。也许可以这样说:当一个人图表分析技术和交易操作技巧达到相当程度以后,纪律就是他进入高手境界需要跨过的最后一道门槛。

三、交易尚须讲耐性

在成功交易对交易者本身的诸多要求中,除了心态和纪律之外,还有一个需要注重的是耐心。在小猫钓鱼的故事中,小猫钓不到鱼是因为缺乏耐心。金融交易和小猫钓鱼的道理一样,要想从定式交易中获得利润,耐心绝对是不可或缺的。

要知道,我们本身不可能去创造机会,只能等待机会,就是说,交易机会是等出来的。价格市场看上去机会多多,但真正适合你自己定式的机会却未必多;尤其是实行多元定式交易,更是需要耐心等待。在定式认定的机会形态未出现之前,看着时间不断在等待中度过,交易者少一点耐性都不行。

若问符合定式交易的形态迟迟不出现怎么办,很简单,定式选择目标形态本来就有出现概率方面的讲究,如果所选形态总是不出现,那就换一种。其实,常见的价格形态又不是只有一种,按照定式设计要求多操作几个不就得了。

耐心是一种很好的心理质素,它不是天生就有的,完全可以通过自我培养和自我修炼得之。交易员必须认识一点,如果要做定式交易,就要学会等待和注意培养耐性。耐心不仅在交易前需要,入市之后也需要,当账面上出现盈利时,如果耐性和定力不够,很容易会被价格的震荡给震出去,变成该赢赢不了,或者是该赢多变成赢得少。

四、三多一少学交易

优秀的交易员就像有经验的淘金者和掘矿人,有本事通过交易持续获得利润,但这样的人并不多,夸张一点说,这样的人在金融交易市场中接近于"稀有动物",而大部分人说难听点是有点像送财童子,要想成为前者,必须做好两件事,一件是认真学习交易相关技术,一件是努力提高心理素质。心理素质涉及个人修行,之前已说了不少,这里重点谈谈如何学习交易技术相关的事。金融交易一买一卖,看似简单,实际包含有很多知识和学问,不认真去学习或学得不好,实战中别说取得好成绩,能不吃大亏就该偷着乐了。

学习交易技术,首先要提的是学习方式,和学其他东西不同,交易技术并没有现成的教科书,好的理论书籍也甚少,如本书般系统讨论分析技术和操作技术的更是少之又少,因此大部分人是凭着非常有限的基础知识和技术认知进入市场的,所取方式大体上是"在游泳中学游泳"的方式,通过不断实践不断总结来提高技术水平。这种方式的缺陷是太慢兼代价大,虽然学习和成长需要有所付出,但也不能代价太大,所以,我们提倡的方式是多看书、多验图、多模拟、少量实践,这个方式姑且叫作"三多一少"。实践出真知,有理论没有实践是纸上谈兵,少量实践的意思是在技术未成熟之前,交易量和交易次数不宜多,用意无非是避免交太多学费罢了。

顺便谈一下学习态度,好的学习态度无他,就是够认真和够虚心。

够认真是指肯用心,舍得花时间、花精力。有些人随便找本操盘书翻一翻,学个一招半式就急于做交易,可知没有足够实力,机会到了眼前你也把握不住。"欲速则不达""磨刀不误砍柴工",投资机会永远都有,市场不会跑掉。还有,在学校里读书,读得不好无非是考试时分数低一些,若交易的学问学不好,实践中可是要"伤筋动骨"的,所以,既然学就要尽量学好。

学习态度除了认真之外,虚心也是题中之义。有些人把牛市中一两次赚钱的经历误以为自己已经具备了在金融市场赚大钱的能力,殊不知,处在一个充满风险的市场,"半桶水"加自以为是比知识能力不足更危险。金融交易中的分析技术和操作技术都是有相当深度的技术,可以说,即使是一个聪明人,天资比别人高一些,没有虚心的学习态度,照样学不出什么名堂,而没有扎实的理论功底,再聪明也很难成为真正的短线交易高手。

第二十章 常见交易手法

一、峰级交易分析思维

如图 20-1 所示,这是一幅商品价格历史走势日线图,它是市场价格变化的真实轨迹。在目前的静态历史数据之中,我们该如何交易呢?也就是什么情况下买?什么情况下卖?什么时候买?什么时候卖?什么价格买?什么价格卖?根据是什么?如果按照"根据"的方法交易,经过牛熊市总体有盈利,理

图 20-1　商品价格历史走势日线图

论上可以说交易就基本完成了。如果在可见的静态之中,都找不到一套能够获利的方法,那么,在不可见的未来动态之中将寸步难行。

在市场中交易,就像看魔术表演,多数人对演员出神入化的表演十分开心而又惊讶,他们买了一场又一场的门票,永远只是观众,是市场的消费者。只有极少数人不但看表演,而且还认真研究其道具结构,思考其原理,对演员所做的每个动作起什么作用,哪些是故弄玄虚的,哪些是故意露破绽误导的,哪些是必须做的而且是起关键作用的,他为什么要站在那个位置……认真分析琢磨,久而久之,这极少数人最终成了魔术师,在市场上成了赢家,成了财富创造者。

消费者与财富创造者的智商差别不大,问题出在一个在享受,一个在学习与研究。享受是舒适的,学习研究是艰辛的。可想而知,舒适的永远不会成功。就算是研究,也有研究的路子不同,所花的时间不同,思想不同,观点不同。学习呢?有方法与态度不同,由此得出的结果当然也就不同了。所以,成功者就特别少了。

交易获利的基本条件:

(1)市场有波动空间(外在的),也就是有差价。

(2)交易者有跟随应对价格波动的能力(内在的)。

交易要解决:

(1)价格升升跌跌,如何发现价格变化趋势。

(2)如何在杂乱的图表中寻找相对有规律的某一行情段与时间段的 K 线组合,找到高概率事件,找到风险较小的价格转折点,最大限度趋利避害。

(3)如何在价格升跌的过程中找到一个能应对价格变化又能符合自己心理习惯与资金状况的交易定式。

交易也像登山一样,没有路则要开路,要开路则需要工具与设备。现在我们先把工具与设备制造出来,之后就可以开路与搭桥了,开路与搭桥其实是使用工具与设备的过程。

交易的工具与设备是什么呢?就是图表上的一些基本概念:

(1)挫棍

(2)内敛棍

(3)外扩

(4)阴阳相吃

(5)夹棍

(6)指形

(7)原始趋势

（8）峰

（9）级

（10）破级（否定）

（11）高低峰

（12）外扩峰

（13）峰级线

图里的一根根 K 线就像一根根竖起来的棍,我们将一根 K 线称为一棍。空心上升收阳棍,实心下跌收阴棍。棍有分棍头、棍尾:收市方向是棍头,它并非固定在上端或下端。如果是在上端收,那么上端是棍头,下端是棍尾。如果是下端收,那么下端是棍头,上端是棍尾。

挫棍:一棍的高位或低位,至少有一个方向高于或低于前一棍的高低位。挫棍分上挫、下挫两种。通常说反破棍尾是指出现了挫棍情况(见图 20-2)。

图 20-2　挫棍

一般来说,出现上挫棍,而且收市也在昨天高位以上,属于延续性组合,明天继续走高的机会大。同理,下挫棍明天继续走低的机会大。

内敛棍:一棍的高低位都不超过前一棍的高低位(见图 20-3)。

一般来说,内敛指向消失。通常次日破高做多,破低做空,也即破哪边做哪边。为了提高胜算,通常只交易形态趋势方向。

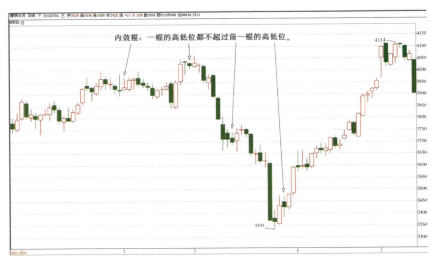

图 20-3　内敛棍

外扩：一棍高低位都分别挫了前一棍的高低位（见图 20-4）。

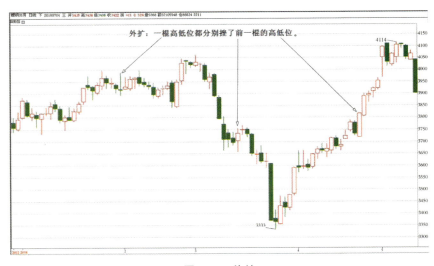

图 20-4　外扩

外扩是挫棍的加强版，因为它上下挫。一般来说，收市收高，次日走高的机会大。收低，次日走低的机会大。

阴阳相吃：阴棍下挫阳棍尾，或者阳棍上挫阴棍尾（见图 20-5）。

阴阳相吃是特殊的挫棍，要求收市与前一棍头反向，收市价突前于昨日末

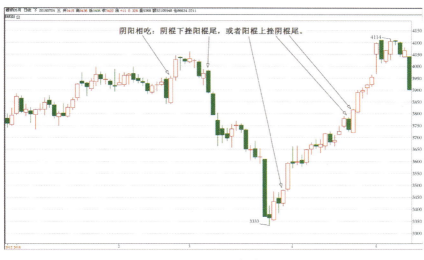

图 20-5　阴阳相吃

端位,至少较昨日开市价突前。它对次日行情走向有较为明确的指引:阳升阴跌,是重要的有实战意义的交易信号。

　　夹棍:三棍组合,三棍收市次序分别是阳阴阳,或者阴阳阴。如果是阳阴阳,那后面的阳棍必须是阳吃阴。如果是阴阳阴,那后面的阴棍必须是阴吃阳。夹棍其实是阴阳相吃的加强版(见图 20-6)。

图 20-6　夹棍

夹棍很多时候是市场行情逆转的前奏,对次日甚至未来数日行情方向指引的准确性较阴阳相吃更为准确。

指形:至少相邻三棍的 K 线组合,从左往右数的第二棍是最突前的,第二棍之后的任何一棍出现反向的挫棍时,指形就成立了(见图 20-7)。

图 20-7　指形

指形是借人手掌的食指、中指、无名指的形状而命名。手掌的中指最前,食指、无名指次之。指形可分上指形及下指形两种,中指向上称为上指形,中指向下称为下指形。

一般来说,上指形之后的趋势向下,下指形之后的趋势向上。多数趋势都以指形的形式结束。按指形定义可以得出推论:顶底一定是指形,而指形不等于就是顶底,指形允许有变形情形。

原始趋势:由 a、b、c、d 四个不在同一直线上的点构成三条长短不一的、互相都有公共重叠部分的线段,并且起点 a、末端 d 都是极端位,这样的形态称为原始趋势(见图 20-8)。

图 20-8　原始趋势

我们将原始趋势的 d 称为峰，将创峰 d 前相反方向最末端的 c 称为级。峰与级一样，可以在上，也可以在下（见图 20-9、图 20-10）。

图 20-9　峰级

图 20-10　峰级转换

一波行情往往由若干个原始趋势连接而成。只要价格不回头,峰就一直在向前推进中。价格回调确定"峰",价格进攻确定"级"。由于级是与峰相反方向并且是回调最末端的点位,所以级是相对固定的。

破级(否定):破级即是对原始趋势的否定,所以破级又称否定。破级回调结束后再创新峰,是对前面否定的一次确认(见图 20-11)。

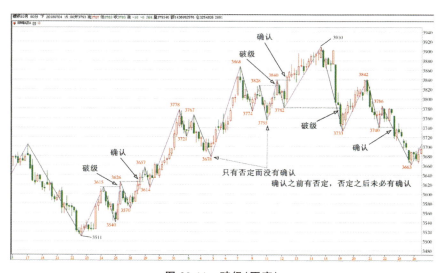

图 20-11　破级(否定)

　　否定确认可以这样理解,否定是侦察兵,确认是大部队。另一种理解为否定是前呼,确认是后应。可以看到,只有否定而得不到确认的行情,随时回头。行情出现前呼后应之后走势会更加健康。

　　破级成峰,而破级有两种不同的情况,我们分别将它们称为高低峰与外扩峰。

　　高低峰:将 a、b 连线看成一棍,将 c、d 连线看成另一棍,c 较 a 后退,d 较 b 前突上挫。我们将 d 破 b 级形成的峰叫高低峰(见图 20-12)。

　　外扩峰:将 e、f 连线看成一棍,将 g、h 连线看成另一棍,g 较 e 突前,h 较 f 突前。我们将 h 破级 f 而形成的峰称为外扩峰(见图 20-12)。

　　高低峰是一个原始趋势,d 是破峰 a 后的级(如级 b)。外扩峰不构成原始趋势,更像一个残缺的 V,h 是破峰 g 前的级(如级 f)(见图 20-12)。

图 20-12　高低峰、外扩峰(一)

　　一般来说,外扩峰比高低峰威力大。如果得到确认的外扩峰威力将加倍(见图 20-13)。

图 20-13　高低峰、外扩峰(二)

峰级线:将 K 线图前后拐点连线,构成了峰级线图。在咖米交易决策系统中,此峰级线自动生成(见图 20-14)。

图 20-14　峰级线

峰级线将是我们绝大部分交易的指南针,除了夹棍及在更小一个周期的否定确认进行摸顶捞底之外,都以峰级线的峰为交易方向。

综上所述:

(1)在图表上,峰是行情的趋势方向,交易要顺趋势去做,这是大格局,是战略。

(2)在K线图中,挫棍、外扩、阴阳相吃,它们对次日行情方向有较大的影响,值得参与,但它们更多着重眼前,属战术。

(3)几乎所有顶底都是指形形态,那么,在起级过程中出现指形,其作用就更能凸显了。

(4)否定确认,其基础比一个否定破级更牢固,在确认后才入市,交易成功率会倍增,但会丧失一些机会。

(5)若战术符合战略才交易,矛盾时则放弃,那就不是简单的 $1+1=2$,而是 $1+1>2$ 了。

(6)多周期结合将平面变立体,对全局形式观察更清晰,对交易来说无论成功率还是盈亏比都会大幅提高。

(7)由于夹棍本身要求很高,那它对后市的影响力自然也相应提高。如果在行情相对的高低位出现,喜欢摸顶捞底的人可以一搏。

以上是交易入市的基本思路。交易首先是考虑如何入市,然后才考虑如何持仓以及如何加码,最后选择什么情况下平仓离场。从盈亏策略上说入市与出市的思路必定是有差别的。

二、棍态分析交易手法

按照峰级说法,"峰"是趋势移动的方向,也是不断向前变动的,只有起级时行情才会回调。而"级"一旦确定之后位置与价格就不会变了。按理说只要不破级,任何一个价格做峰的方向都是正确的。但是市场是复杂多变的,刚好你进场时行情就回调起级,甚至破之前的级也有可能,若是如此,就算胜算大,风险也不得不防。所以,进场还是要选择行情能够继续的、大一些的机会。

以峰上升为例,从棍态角度来说,上挫棍、棍头在上的外扩、阳吃阴,属于明天继续上升机会较大的信号棍,选择这些棍交易是不错的选择。另外,内敛棍被突破时其惯性能够继续的机会较大。所以选择上挫棍、外扩、阳吃阴、内敛交易,符合谨慎准则。这个手法称为棍态交易法(见图 20-15)。

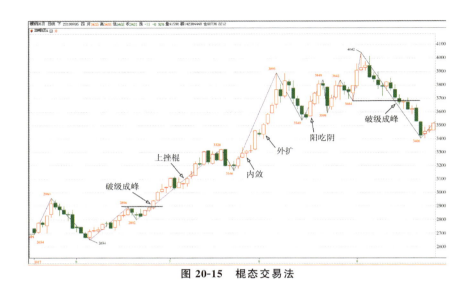

图 20-15　棍态交易法

三、峰级交易手法之一

按指形定义可以得出推论：顶底一定是指形，而指形不等于就是顶底。

根据"级是与峰反向回调的极端位"的定义，在常识中，极端位必定是局部顶底。由此可以得出结论：在级附近出现的指形就极有可能是底或顶（见图 20-16）。

图 20-16　峰级交易手法之一

根据以上分析,可以得出峰级交易手法之一:价格在起级过程中,出现与峰同向的指形时进行交易。

四、峰级交易手法之二

日线峰向上,4小时以破级向下(见图20-17)。相信哪个? 走还是不走? 走了怕踏空,不走又怕就此转势向下。走了之后怎样再入市?

图 20-17　峰级交易手法之二(日图＋4小时图)

峰级交易手法之二:大小周期峰向不同,以大周期峰为主交易方向,当小周期指形与大周期峰同向时进行交易。简单地说,小周期服从大周期。

按照峰级交易手法之二,小周期破级先离场,当小周期出现与大周期峰同向的指形时再进场(见图20-18)。此手法既避开风险,又不至于踏空。

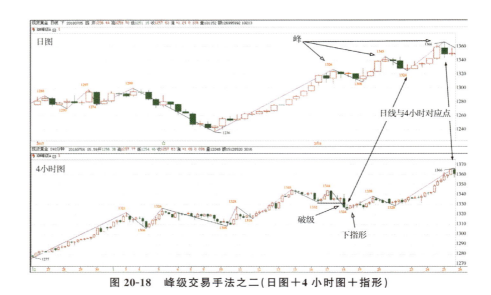

图 20-18　峰级交易手法之二（日图＋4 小时图＋指形）

五、峰级交易手法之三

如图 20-19 所示，这是黄金日线图。从 1236 元至 1366 元存在 130 元的空间。但在 1236 元时峰是向下的，如果要取得向上 1366 元那部分的利润，按

图 20-19　黄金日线图

照交易"峰"的方向规则,唯有等到价格向上突破 1299 元的级之后"峰"才转向上,这时才可以交易向上方向。显而易见,已经太滞后于市场了。是否可以早些发现行情逆转以把握更好的交易时机呢?

图 20-20 是与前面黄金日线图(见图 20-19)对应的 4 小时图,在 4 小时图上升的过程中,早在 1259 元时已出现了否定确定。

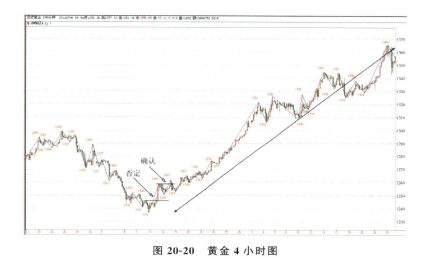

图 20-20　黄金 4 小时图

峰级交易手法之三:当小周期出现于大周期峰反向的否定确认时,优先小周期交易(见图 20-21)。

图 20-21　黄金日线＋4 小时图

根据峰级交易手法之三,意味着在 4 小时图中价格向上突破 1259 元时可以做多了,此时的否定确认具有优先交易权。

六、峰级交易手法小结

交易方向正确,已是成功的一半。入市价位合理能盈大亏小,入市时机恰当,可以提高时间效率。在峰级及峰级线的指引下,做到这些并不是遥不可及的目标。峰级或峰级线是客观存在的,并不受外界影响,对确定趋势方向起着几乎不可替代的作用。有了它,交易成功的概率得以提高。如果没有峰级或峰级线,分析趋势的主观性占多,准确性就打了折扣。

对单一周期来说,峰指向是趋势的唯一标准,但是,对更大或更小周期而言,得出趋势的结果就不一定相同了。在这个周期峰向上,而那个周期峰却是向下的。其实它们都没有错,这时该相信哪个? 执行哪个呢? 有了四个交易手法,你可以进行筛选过滤,再对号入座。

使用单周期或双周期都应相对固定,保持连续性。不能一天换一个,否则,有可能每次都使错招数。

交易手法小结:

(1)棍态交易法属于单一周期分析交易,是以峰为交易主方向,以一棍的高低收市形态决定交易的方法。入市方向、价格、时机简单明确。

(2)峰级交易手法之一属于单一周期分析交易,特点是在价格回调起级的过程中,等候寻找与峰同向的指形交易,成功率高,盈亏比合理,适合单向趋势行情段。运用较为简单。

(3)峰级交易手法之二属于二元交易定式,特点是在大周期峰的指引下,通过小周期出入市,既避风险又不踏空,是立体式的交易模式,适合有趋势但又震荡激烈的市场情形。运用稍微复杂。

(4)峰级交易手法之三属于二元交易定式,特点是在大周期峰与级距离较大的情况下,通过小周期的否定确认及早发现价格趋势转向迹象,为交易争取有利的时机,是立体式的交易模式,适 V 型反转情况。与夹棍一样,有摸顶捞底的功效。运用时需同时兼顾两周期峰向,有点指东打西的意味。

四个交易手法都是在峰级的基础上产生的,从大到小、从简单到复杂,又从小返到大、从复杂又回到简单,从平面到立体。它们既是独立的,又是互补、互为犄角的,各负各责,构成一个完整的交易体系。市场是复杂多变的,不可能只有一种情况。

这四个手法有点像剪刀石头布的游戏,但又不完全相同,它是等市场先出招,然后自己才出相应的招,是后发制人。交易时市场出现哪种情况,符合哪个手法,就用哪个。它能够让你在不定的市场中,用既定的方法获取符合准则模型的那部分利润。

常见的四种手法属于通用型,主要涉及入市。运用峰级,还可以产生很多行之有效的入出市及加码平仓离场的方法与策略。一句话,峰级与峰级线就是个工具,关键在于你怎样使用。

有人说这几个交易常见手法是交易的锦囊妙计。这个说法虽然夸张了一些,但是说它是交易的胜战计就恰如其分,它还包括连环计、计中计。从延伸的角度说,实在是一计不成又生一计。

交易技术是交易的根本与核心。如果没有交易技术,图表交易就无从谈起,就像游泳,识水性是第一位的。交易心理、资金管理、交易策略、交易纪律都是为施展交易技术而保驾护航的手段。至于不同观点,那只能说是见仁见智了。